中公新書 2110

服部龍二著

# 日中国交正常化

## 田中角栄、大平正芳、官僚たちの挑戦

中央公論新社刊

# はしがき

いつの時代であれ、日本にとって中国の存在は比類なく大きい。中国が目覚ましい発展を遂げつつある今日、その姿はますます異彩を放っており、対中関係は日本の国運すら左右しかねない。互いに忘れえぬ隣国というだけでなく、日中関係は世界情勢にも影響しうる。

その日中関係が一九七二(昭和四七)年九月の国交正常化を画期とすることに異論はあるまい。田中角栄首相と大平正芳外相が九月二五日に訪中して周恩来国務院総理らと渡り合い、二九日には日中共同声明に調印したのである。五日間は、緊迫した首脳会談の連続だった。

田中、大平、周たちの交渉には、日中関係の論点が凝縮されている。中国の賠償請求放棄、田中の「ご迷惑」スピーチに示される歴史認識、日中共同声明における台湾条項、そして尖閣諸島などである。田中と大平は、日米安保体制と日中関係を両立させつつ、断交後の台湾とも民間交流を続けようとした。

豪放磊落《らいらく》な田中と緻密《ちみつ》で繊細な大平は、ほとんど正反対の性格である。それだけに両者は盟友となり、共鳴しながら官僚を使いこなした。国交正常化の過程を外交記録やインタビューで掘り起こし、田中と大平の政治的リーダーシップを考察するのが本書にほかならない。

田中や大平を表の主役とするなら、陰の主役は外務省員である。日中国交正常化では、外務官僚による下支えがうまく機能していた。高島益郎《ますお》条約局長のほか、橋本恕《ひろし》アジア局中国課長、栗山尚一《たかかず》条約局条約課長などの中堅層が枢要な役割を果たした。他方、台湾を担当したのが、中江要介《ようすけ》アジア局外務参事官だった。「ご迷惑」スピーチを中国語訳したのは、香港総領事館から一時帰国し、さらに訪中する小原育夫《おはらいくお》であった。

執筆に際しては、橋本、栗山、中江、小原らの外交官に加えて、椎名悦三郎の訪台を地ならしした水野清《きよし》元衆議院議員、田中内閣で通産相だった中曽根康弘、大蔵官僚から衆議院議員になる野田毅《たけし》、田中首相の秘書官だった木内昭胤《きうちあきたね》と小長啓一《こながけいいち》、大平外相秘書官の森田一《はじめ》、橋本の部下だった渡邊幸治《こうじ》と小倉《おぐら》和夫、椎名に同行して訪台した若山喬一《きょういち》らにインタビューした。

本書では、中国や台湾の外交文書、関係者の日記なども交えながら、田中や大平、外交官、自由民主党の政治家、そして周恩来らが織りなす一連の経緯を追ってみたい。そのことは現代日中関係だけでなく、日米安保体制を考察するうえでも不可欠の作業だろう。日中国交正常化に際して日本は、日米安保体制の堅持に腐心したからである。

日中国交正常化を論じることは、東アジア国際政治の来歴をたどり、政治的リーダーシップのあり方を模索することである。

# 日中国交正常化　目次

はしがき　i

# 日中国交正常化

田中角栄、大平正芳、官僚たちの挑戦

## 凡例

・田中角栄の表記には「角栄」と「角榮」があるが、本書では引用や参考文献を含めて、原則として「角栄」に統一した。
・引用文中の漢字は原則として現行のものに改めたが、中国・台湾関係の史料については旧漢字を使用している場合がある。
・台湾に関して厳密には、中華民国と正式名称で表記すべきだが、混乱を避けるため引用などを除いて台湾とした。
・引用文中の〔 〕は引用者による補足である。
・聞き取りの一部は匿名にしてある。
・敬称は略した。

# 序章　北京への道

## サンフランシスコ体制

日中講和、つまり一九七二（昭和四七）年の国交正常化を論じるためにも、まずは戦後の東アジア国際政治を鳥瞰《ちょうかん》しておきたい。

太平洋戦争に敗北した日本が独立を回復したのは、一九五一年九月のサンフランシスコ講和会議においてであった。この会議には、日本、アメリカ、イギリスなどのほか、ソ連、ポーランド、チェコスロバキアの社会主義国を含めて五二ヵ国が参加した。サンフランシスコのオペラ・ハウスで日本は、ソ連など社会主義国の三ヵ国を除く四八ヵ国と講和条約に調印した。

戦争で最大の被害を受けた中国と台湾は、サンフランシスコ講和会議に招かれなかった。イギリスが中国の出席を想定したのに対して、アメリカは日本に台湾との国交樹立を求めており、連合国の意見が一致しなかったからである。

　サンフランシスコ講和条約と同時に日本は、アメリカと安全保障条約を締結し、対米協調を戦後外交の基軸とした。冷戦下での対米基軸は、サンフランシスコ体制とも呼ばれる。アメリカの冷戦戦略に組み込まれた日本は、一九五二年四月に台湾の中華民国政府、つまり蔣介石の国府と日華平和条約を締結した。前文と一四ヵ条から成る日華平和条約は戦争状態を法的に終結させるものであり、台湾は賠償請求権を放棄した。

　この日華平和条約に対して、中国が不法と非難したことは無論である。日本としても、日華平和条約の適用範囲に大陸を含めるかは微妙であった。国際連合の安全保障理事会では台湾が代表権を握っており、朝鮮戦争に参戦した中国は、一九五一年二月の国連総会で「侵略国」と名指しされていた。中国との国交樹立は最大級の外交課題であり続けたものの、米中対決が日中国交正常化を阻んだ。

　中国とは政経分離のもとで貿易が行われており、自由民主党や日本社会党の議員もしばしば中国を訪問した。一九五〇年代後半から一九六〇年代、大躍進や文化大革命で混迷した中国は、岸信介内閣や佐藤栄作内閣に向けて批判声明を発した。政経分離のもとで日中関係を緊密化することの限界である。

　日中関係を規定する国際環境は一九六〇年代後半から少しずつ変化し、中ソ対立が顕著となった。一九七一年七月には、アメリカのニクソン大統領が訪中を発表する。このニクソン・ショックが転機となり、一〇月には国連における中国代表権が台湾から中国に移った。衝撃を受けた日本を尻目にニクソン大統領は、一九七二年二月に中国を訪問した。ソ連との対立を深めていた中国も、アメリカや日本との関係改善を必要としていた。そして九月、田中角栄首相と大平正芳外相が訪中し、日本は中国と国交を樹立して台湾と断交する。

### 三つの課題

田中と大平が日中国交正常化を達成できたのは、ニクソン・ショックに象徴されるような国際環境の変化によるところが大きい。そもそも台湾を選択したことが冷戦の産物であり、日中国交正常化の機は熟しつつあった。日中講和を描く本書には、課題が三つある。

第一の課題は、日中国交正常化の外交交渉である。とりわけ台湾の扱いが重要となる。[1]日本との国交正常化に際して周恩来は、復交三原則を掲げていた。第一に、中華人民共和国が中国唯一の合法政府であること、第二に、台湾は中国領の不可分な一部であること、第三に、「日蒋条約」こと日華平和条約は不法であり、破棄されるべきことである。

日本は、台湾の扱いを重視する中国の言いなりにならず、それでいながら短期間で交渉を妥結させた。台湾問題は、日中共同声明の第三項に結実する。

台湾以外にも、賠償放棄にいたる中国側の政策過程、相互不信の原点ともいうべき田中「ご迷惑」スピーチの真相、日中共同声明の前文に記された謝罪、尖閣列島をめぐるやりと

**中国の復交三原則**

| | |
|---|---|
| 第1原則 | 中華人民共和国は中国唯一の合法政府である |
| 第2原則 | 台湾は中華人民共和国の領土の不可分な一部である |
| 第3原則 | 「日蔣条約」(日華平和条約)は不法であり，破棄されねばならない |

**日本側の主要人事**

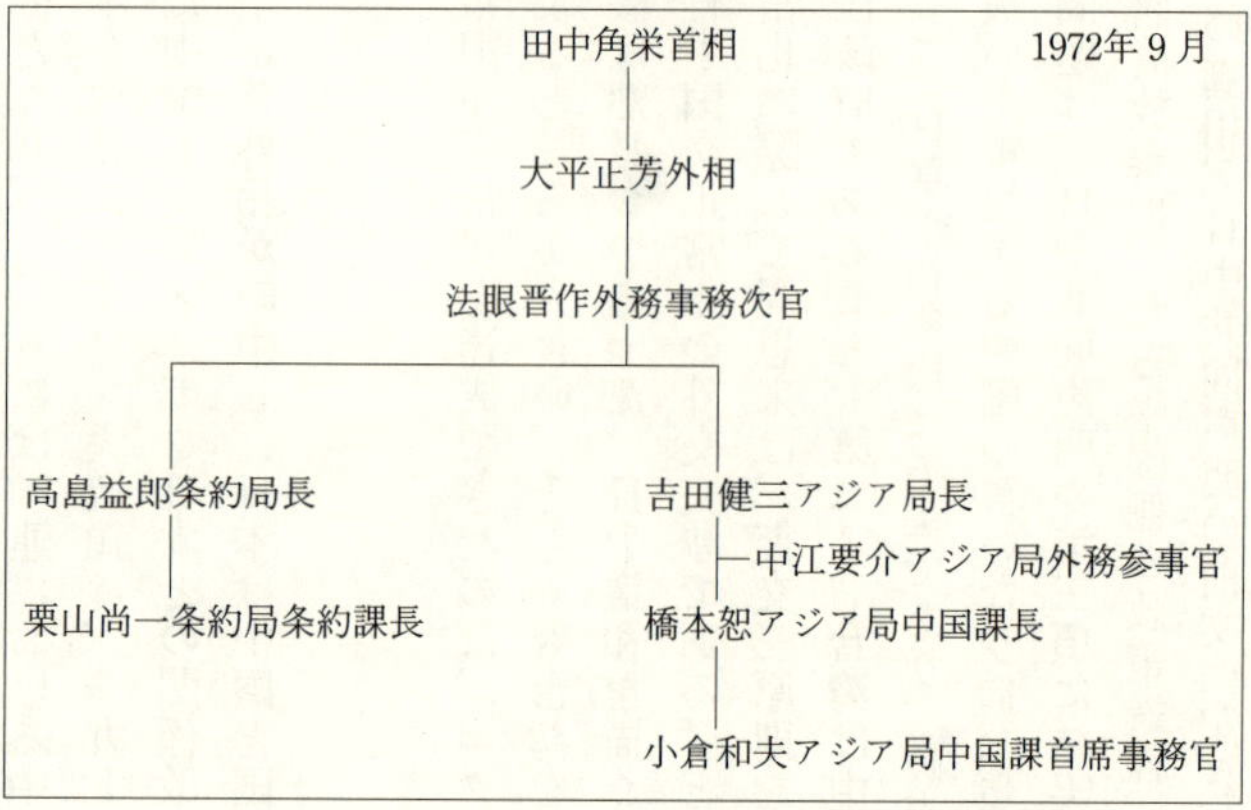


りなどは、今日においても示唆的となろう。

第二の課題は、田中と大平の政治指導である。[2]

中国との劇的な国交正常化を成し遂げたのが、田中と大平のリーダーシップであった。アメリカはニクソン訪中後も米中国交を樹立していなかったし、自民党にも台湾派が根強かった。法眼《ほうげん》晋作《しんさく》事務次官以下の外務省幹部も、中国とすぐに国交を樹立しようとは考えていなかった。国際環境の変化があったにせよ、日中講和を導いたのは田中と大平の強烈な個性であった。

第三の課題は、日本外務省の

内部過程である。

日中共同声明を起筆し、北京での交渉に際して条文に手を入れたのは、外務官僚にほかならない。なかでも重要なのが、高島益郎《ますお》条約局長、橋本恕《ひろし》アジア局中国課長、栗山尚一《たかかず》条約局条約課長だった。外務省が田中や大平を支え、田中と大平は官僚を使いこなしたのである。

## インタビュー

政策過程や対外認識は、公文書に表れにくいものである。このため、外交記録や公刊された文献に加えて、今回特にインタビューを用いたい。

田中については、首相秘書官の木内昭胤《きうちあきたね》と小長啓一《こながけいいち》に聞き取りを行った。木内は外務省、小長は通産省から首相官邸に送り込まれていた。

大平に関しては、大蔵省から出向して外相秘書官となっていた森田一《はじめ》にインタビューした。大平と同じ香川出身で、のちに運輸相となる森田は、大平の娘婿《むすめむこ》でもある。[3] 森田が残した詳細な日記も使用する。

椎名悦三郎の訪台については、椎名派の衆議院議員だった水野清《きよし》から談話を得た。田中内閣で通産相だった中曽根康弘へのオーラル・ヒストリーでも、日中関係について多くの時間を割いた。[4] 大蔵官僚から衆議院議員になる野田毅《たけし》からは、義父の野田武夫衆議院議員と保利《ほり》茂《しげる》自民党幹事長の関係などについて聞いた。

外交官に関しては、橋本恕、栗山尚一、中江要介《ようすけ》へのインタビューが重要となる。中国課長だった橋本は、吉田健三アジア局長以上に日中国交正常化を仕切っており、田中や大平と緊密な関係を築いていた。中国側が最も信頼したのも橋本であり、国交樹立二〇周年の一九九二（平成四）年に橋本は、駐中国大使として天皇訪中を導いていく。[5]

中国課の動きについては、橋本の部下で中国課首席事務官だった渡邊幸治《こうじ》や小倉《おぐら》和夫にも聞き取りを実施した。中国課首席事務官とは、橋本課長に次ぐ中国課ナンバー2を意味する。渡邊は中国課でニクソン・ショックを経験し、小倉は橋本とともに、蔣介石宛ての田中親書や田中親電を担当した。

アジア局外務参事官であり、橋本の上司だった中江要介にもインタビューした。外務参事官とは、局長に次ぐアジア局ナンバー2である。中江は台湾との交渉を任されており、椎名とともに訪台した。[6]

椎名訪台については、椎名や中江を支えたチャイナ・スクールの若山喬一《きょういち》にも話を聞いた。チャイナ・スクールとは、中国語で研修を受けた外交官を指す。台湾で中国語を学んだ若山は、四年間の台北勤務を終えて外務省研修所にいたところ、訪中準備室に呼ばれて日台関係を担当した。

アジア局とともに、外務省で枢要な役割を果たしたのが条約局である。独立を回復した日本は戦後処理や国交正常化を課題としており、優秀な人材が条約局に集められていた。条約局では高島益郎条約局長のもとで、栗山尚一条約課長がキーパーソンとなった。やがて外務次官、駐米大使となる栗山は、高島や橋本と連携して日中共同声明の原案を執筆する。[7]

田中の「ご迷惑」スピーチについては、小原育夫《おはらいくお》に話を聞いた。哈爾浜《ハルビン》に生まれ、中国語を自在に操る小原は、橋本中国課長が起草したスピーチ原稿を中国語に訳していた。小原は香港総領事館から一時的に帰国し、田中訪中団に加わるのである。

## 現代的意義

四〇年前の日中国交正常化を繙《ひもと》く意義はどこにあるのか。三点を指摘したい。

第一に、日中講和は、現代東アジア国際政治の原型となっている。

日中関係の基礎が一九七二（昭和四七）年の日中共同声明にあることは無論だが、正常化交渉には台湾をめぐる日米関係も投影されている。日中講和を検討することは、日米安保体制や日台関係を論じることでもある。本書では、台湾条項の内実、尖閣諸島の扱い、日米安保条約第六条における極東条項との関連なども考察したい。

第二に、政治的リーダーシップのあり方である。日中国交正常化では、田中と大平による二重の政治指導が発揮されていた。

戦前に中国へ赴いたことのある田中と大平だが、政治家として対中政策への関与は対照的であった。田中は国内政治に没頭し、外交については大きな方針だけを示して、詳細を大平と外務官僚に任せた。一方の大平は、すでに池田勇人内閣で外相を経験していたこともあり、外交には一家言《いっかげん》を有していた。のちに日中航空協定をまとめ上げ、首相として対中円借款に踏み切るのも大平である。

第三に、外務省の役割である。

しばしばマスメディアでは、チャイナ・スクールが対中外交を牛耳っているかのように報じられる。当時、チャイナ・スクールのなかでも北京との関係を重んじる北京派には、吉田健三アジア局長、岡田晃《あきら》香港総領事、小川平四郎外務省研修所長らがいた。小川は初代駐中大使、吉田は第三代駐中大使となる。他方、ロシア・スクールだった法眼次官のように、蔣介石との関係に軸を置く台湾派もいた。[8]

ならば北京派が日中国交正常化を導いたかといえば、まったくそうではない。むしろ北京派は交渉から外された。橋本と連携して日中共同声明を起筆した栗山条約課長は、対米関係を基軸とする外務省主流の知米派であり、やがて外務次官を経て駐米大使となる。知米派が日中共同声明案を書いたことに日本外交の特質が凝縮されている。

日中関係にはアメリカの影が常につきまとうのであり、そのことは今後も変わらないだろう。外務省の内部過程や人的関係を分析し、霞が関外交の伝統を浮かび上がらせたい。日中国交正常化は、現代東アジア国際政治の原型となっただけでなく、政治家や官僚のあるべき姿を示唆しており、いまに生きる歴史なのである。

# 第1章　田中角栄と大平正芳——二つのリーダーシップ

## 田中角栄

本書の主役となる田中角栄ほどにあまねく知られ、あくの強さで語り継がれており、しかも賛否の交錯する政治家はいないだろう。まずは経歴をみておきたい。

一九一八（大正七）年五月四日、新潟県刈羽《かりわ》郡二田《ふただ》村（現柏崎市）生まれ。一九三三（昭和八）年、二田高等小学校卒。上京して井上工業東京支店などに勤務しながら、中央工学校土木科を夜学で卒業。海軍兵学校を志すも夢破れ、共栄建築事務所を創設。盛岡騎兵第三旅団第二四連隊に入隊し満州国富錦《ふきん》へ移駐。病気で送還され、田中土建工業の社長となる。占領下で日本進歩党に入党し、一九四七年から衆議院議員。郵政大臣（岸内閣）、大蔵大臣

（池田内閣、佐藤内閣）、通産大臣（佐藤内閣）のほか、自民党で政調会長や幹事長を歴任。佐藤派。佐藤内閣末期に、『日本列島改造論』刊行。[1] 一九七二年七月、五四歳の若さで首相となり、「今太閤《いまたいこう》」と呼ばれる。日中国交正常化を成し遂げるも、金脈問題で一九七四年一一月に退陣。一九七六年のロッキード事件逮捕後も「闇《やみ》将軍」として影響力を発揮した。一九九〇（平成二）年政界引退。一九九三年没。

教科書的に記せば、田中の略歴はこうなる。だがこの男の生涯は、事典的プロフィールに収まりえない栄光と波乱に満ちていた。

裕福ではない牛馬商の長男に生まれ、さしたる学歴もない田中だが、巧みな演説と独特のだみ声で大衆を惹き付けた。「コンピューター付きブルドーザー」と称される頭脳と行動力は、政治家や官僚たちも手なずけた。

田中は二歳でジフテリアにかかり、生死をさまよったことがある。幼少期には「ドモリがひどいので内気になった」ものの、努力を重ね、どもりも内気も克服した。[2]

少年時代の田中については、田中角栄記念館編『私の中の田中角栄』に多くの級友らが追悼文を寄せている。同窓生の回想は、成績優秀の田中が級長を通したことで一致している。どもりを矯正し、学芸会で主役の弁慶を演じるまでになった田中は、満州事変後に出征兵士を送り出す鼓笛《こてき》隊で指揮棒を振った。

田中少年の日課は、父から預かった馬を運動させることだった。家からほど近い坂田川の浅瀬に馬を引き連れ、たわしで黙々と手入れする姿は、村の娘たちの憧れとなった。馬の足音が近づくと娘たちは、そっと物陰から田中を目で追った。いまも生地には坂田川が静かに流れ、当時の面影を伝えている。

田中は父の事業失敗で中学に行けず、一五歳で東京に向かうことになる。[3] 井上工業東京支店などで働き、夜になると自転車を走らせて中央工学校に通った。

田中角栄

戦前に田中は二年間、兵士として中国の地を踏んでいた。一九三九（昭和一四）年三月、二一歳の田中が盛岡騎兵第三旅団第二四連隊に入隊し、朝鮮半島を経て、遅い春を迎えた満州国北部の富錦に向かったのである。

ところが田中は肺炎を患い、実戦に赴かないまま中国の野戦病院に収容され、内地送還となった。田中は記す。

「病《ママ》いのため内地に帰ることなど夢にも考えていなかった満二年に及ぶ月日を省みて、感慨深いものがあった」[4]

占領期に二八歳で初当選した田中は、吉田茂や幣原喜重郎《しではらきじゅうろう》を尊敬した。

わたしのように吉田さんの流れを汲《く》む者は、池田勇人、佐藤栄作、こういう人も含めて、あの出会いのころはみんな渾然《こんぜん》一体としておった。〔中略〕わたしは、まさに保守本流を歩いてきたわけだよ。[5]

つまり田中は、吉田の系譜を意識し、池田や佐藤に連なる保守本流に自らを位置づけた。佐藤派を継いだのが田中であり、一方の池田派は大平派となっていく。一九七〇年代に田中と大平は、保守本流の二枚看板を占める。

佐藤派に属しながら池田邸にも出入りするなど、田中の行動は型破りであった。[6] 秘書だった早坂茂三《しげぞう》によると、田中は佐藤よりも池田に親近感を持っていた。

田中のオヤジはたまたま佐藤派だったけれども、政治家の系譜でいえば、まぎれもなく池田勇人の流れを汲んでいました。オヤジは人間的にも池田さんが大好きだった。ただ、ボタンの掛け違いと言うか、ひょんな縁で栄作さんのところにわらじを脱いだ。それが天下取りになるまで続く。[7]

## 「ども角」から演説の名手へ

田中は演説の名手である。演壇に上り、一席打《ぶ》つと、巧みなスピーチが一六四センチの体を大きく見せた。[8] しばしば遊説《ゆうぜい》の前座を務めた海部俊樹元首相が、田中について語っている。

あの人の演説は天下一品。街頭演説で、あれほど瞬時に人の足を止め、笑いを起こし、聴衆を魅了する政治家は他にいません。論理展開はめちゃくちゃなのですが、最後に田中さんがあのダミ声で、「どうですか、みなさん、そうでしょう。そう思いませんか」なんて語りかけると、大衆は「ウォー！」となって、妙に納得しちゃう。

田中派（後の竹下派を含む）で、角さんの演説術を引き継いだ政治家はひとりもいませんね。[9]

雄弁家という印象の強い田中だが、先にも触れたように幼少期にはどもりがひどかった。「ども角」とからかわれ、幼心《おさなごころ》に悩んだ田中は、あらゆる方法でどもりを克服した。詠歌《えいか》の会合に出席し、お経や漢詩を覚えただけでなく、浪曲のレコードを買い集めては山中でうなってみた。難解な法律書の音読も続けた。

とにかく必死だった。田中は、「このころのがり勉が、その後のわたくしの学問の基礎ともなったようだ」と書き残している。[10]

建設業から政治家に転身した田中は、いつしか小唄や都々逸《どどいつ》を会得するまでとなった。小唄では春日派に籍を置き、田中は「豊《とよ》し澄《ずみ》」の芸名を授かった。都々逸とは江戸時代後期から広まった俗曲であり、七・七・七・五の四句により男女の情を口語で歌うものである。よく働き、よく遊ぶ田中は、遊里で芸者の爪弾《つまび》く三味線に合わせ、都々逸を口ずさみ酒席を盛り上げた。

踏まれても　蹴られても　ついていきます　下駄の雪[11]

田中は長くどもりに苦しめられただけに、少年時代から書道に打ち込んで鍛錬を重ねた。出世しても筆を振り続け、愛する故郷を心に浮かべて号を越山とした。「越路橋」「雄魂」「以和為貴」「眞摯敢闘」「祈必勝」などの力強い揮毫《きごう》は、生家から徒歩一〇分ほどの田中角栄記念館にいまも飾られている。

秘書だった朝賀昭《あさかあきら》によると、田中は好んで若者たちにこう揮毫した。

末ついに海となるべき山水も　しばし木の葉の下くぐるなり

大海原《おおうなばら》に注ぐ山水も、初めは木の葉をくぐる小さな水だったかもしれない。いまは小さなことしか行えなくても、やがて大成して社会の中心に育ってほしい。思いやりに満ち、青年たちに希望を与える言葉だった。その田中がロッキード事件後には、「不動心」としか書かなくなる。[12]

## 大平正芳

田中が盟友に選んだのは、やはり保守本流を自認する大平であった。「自分が保守本流だ」と口にしていた[13]大平の経歴はこうなる。

一九一〇（明治四三）年三月一二日、香川県三《み》豊《とよ》郡和田村（現観音寺市）生まれ。三豊中学校、高松高等商学校、東京商科大学卒。大蔵省入りし横浜税務署長などを経て、一九三九（昭和一四）年には新設の興亜院に出向し、内蒙古《ないもうこ》の張家《ちょうか》口《こう》に勤務。占領期の吉田茂内閣で池田勇人大蔵大臣の秘書官となり、アメリカで科学技術を調査。

一九五二年、衆議院議員に転じ、内閣官房長官（池田内閣）、外務大臣（池田内閣、田中内閣）、通産大臣（佐藤内閣）、大蔵大臣（田中内閣、三木武夫内閣）を歴任し、田中内閣の外相として日中国交正常化を推進。自民党では政調会長、幹事長を務めたほか、池田派を継承して宏池《こうち》会《かい》会長になる。一九七八年一二月、首相就任。在任中の一九八〇年六月に急逝。

陽気で行動的な田中とは対照的に、傍目《はため》には茫洋《ぼうよう》として「鈍牛《どんぎゅう》」と呼ばれるほどに地味な大平だが、思慮深く敬虔なクリスチャンで、寡黙な読書家、文章家として知られる。

大蔵省出身の大平も、戦前に中国の地を踏んでいた。田中が一兵卒として満州国を経験したのに対して、大平は内蒙古の張家口で興亜院連絡部に一年半ほど勤務した。興亜院とは日中戦争下で中国の占領地を統治する機関であり、北京、上海、張家口、廈門《アモイ》に連絡部が設けられていた。

その張家口に大蔵省から人を派遣することになり、大平に白羽の矢が立った。大平は、大野龍太大蔵次官に乗せられた。

「そこへ行けば、まあ、さしずめ君は大蔵大臣のようなもので、自分の裁量で白紙に絵をかくように、財政や経済の仕事をすることもできるではないか」

新婚二年目にもかかわらず、大平は単身赴任を決意した。大平が胸を躍らせて赴任すると、張家口は、「まさに見ると聞くとでは大ちがいだった」。サソリが出没するような広大な大地、そして日本陸軍による冷遇が大平を待っていた。

張家口という街は、木の全くない、いわば「土の街」である。〔中略〕現地の行政に圧倒的な実力をもっていたのは、何といっても軍司令部で、若い尉官や佐官クラスの参謀が、その権力を誇示していた。[14]

大平正芳

田中と同じく大平にとっても、戦前の中国体験は苦い記憶でしかない。池田蔵相秘書官などを経て一九五二年、大平は衆議院議員に初当選した。

政治家としての大平はどうか。雄弁で颯爽《さっそう》と足早に動き回る田中に比べて、大平は後年首相になっても「アーウー宰相」と揶揄《やゆ》されるほどの演説下手だった。しかし万人が認めるように、活字で読むと大平の弁舌は誰よりも理路整然としており、大平への評価は高まりつつある。

非凡な演説で聴衆を沸かせる田中に対して、大平は透徹した哲学で識者を印象づける。その二人はいつ出会ったのか。

## 「したたか」という田中の大平評

初当選の直後に田中は、まだ大蔵官僚だった大平と巡り合っていた。

ぼくは大平個人は〔池田蔵相の〕秘書官にならん前から知ってる。それは大平が、ぼくが牛込南町五番地におった頃、彼もぼくの近くに住んでいたからだ。当時、大平は経済安定本部公共事業課長をしていた。これは占領軍の窓口です。

ぼくは〔昭和〕二十二年に議員になったときから、すぐ法律をやったからね。〔中略〕大平とは、だから仕事の上でも関係があったわけですよ。

衆議院議員となった大平について田中は、「酒飲みでズボラなところがある池田に比べて、大平というのは緻密《ちみつ》ですよ。これは緻密すぎるほど緻密」と評する。真面目で地味な大平だけに、弁舌は振るわない。田中は大平の演説をもどかしく思っていた。

彼のは、あんなに眠たそうで、三味線のない歌なんです。エーとかウーとかね。とても睦言《むつごと》にはなりませんよ（笑）。ところが、これを記録にすると、センテンスがしっかり首尾一貫していて、そのまま転載できるんですよ。そういう人間はいない。

あるとき田中が、「文章にすりゃ、おまえのほうがセンテンスがちゃんとしてるけど、しゃべっているのを聞くと、おまえのやつは眠たくて駄目なんだ」と大平に述べた。

大平は、「どうもおまえのほうが説得力がある」と認め、「だからおまえにごまかされるのかな」と苦笑した。すると田中が、「それは間があるからだよ、ぼくの話には」と演説のこつを教えた。

いつしか二人は、派閥を超えて無二の親友になっていた。田中が述懐する。

大平はいろんな意味で、友だちとしては得がたい人でした。助けもし、助けられもした。大平は切なくなると、全部ぼくのところに電話をかけてよこすんです。手紙も書いてよこす。

田中は、自分より大平が「したたか」だったとも語る。「大平は文人だった。それに前尾〔繁三郎〕よりも人生の苦労をしているから、したたかですよ。ぼくなんか問題にならない」。田中が大平に告げた。

新潟県人のしたたかさっていうのは雪が降るから、雪を裸足で踏まなきゃならん。その程度のものだ。だけど、おまえのほうは四国遍路路の敷石みたいなもんだ。千年も善男《ぜんなん》善女《ぜんにょ》に踏みならされているから、おまえのほうがもっとしたたかだよ。

大平の没後に田中は、「大平はぼくを百パーセント使ったな」とも述べている。[15]

## 「この男は総理になる」

建設業と大蔵官僚の出身で、性格的にも正反対の田中と大平が接近したのはなぜか。

大蔵官僚として大平の秘書官を長年務め、大平の長女芳子と結婚した森田一によると、田中と大平の出会いは、やはり田中が一九四七年に初当選した後のことだという。その頃、大平は経済安定本部公共事業課長だったが、やがて衆議院議員に立候補する。大平の選挙を後押ししたのが田中である。

森田は指摘する。「大平が一九五二年の選挙に出るときに、田中角栄が応援に来たのですね。そのときだと思うのですけれども、二人はお互いに『この男は将来総理になる』ということをひらめいた」。田中と大平は、互いに「この男は総理になる。こいつと仲良くしていれば自分は得する」と感じた。[16]

田中よりも八歳年長の大平だが、議員としては二期五年後輩である。「越山会の女王」と称された田中秘書の佐藤昭子によると、新人の大平は田中を「兄貴」と呼んでいた。大平が、「兄貴いる」と衆議院議員会館二二〇号室に田中を訪ねては、二人でスキ焼きを食べに出かけた。

田中も大平もスキ焼きが好物で、ご馳走といえば決まってスキ焼きになる。「甘いのが好きな大平さんは砂糖をたくさん入れ、辛いのが好きな田中は醬油をたくさん入れた。二人が砂糖と醬油を入れすぎて食べられなくなったこともあった」。

田中は周囲にこう語っていた。

「大平君は四国讃岐《さぬき》の出身だが、戦国時代から本土の軍靴《ぐんか》に踏みにじられながら生きてきた県民性のたくましさがあった。四国の石みたいなところがね」

田中は大平を心底から信頼していたのである。マスメディアには、「大平はオヤジ〔田中〕ほど人がよくはないよ、いつか裏切る時が必ず来るよ」と陰口をたたく者もいる。だが田中は意に介さない。

「そうなれば、俺は人を見る眼がなかったということだ。俺はあくまでも大平を盟友だと信じている」[17]

## 池田内閣下の「大角コンビ」

その二人が政局を動かし始めたのは、岸内閣の頃からだった。田中が岸内閣で郵政相として初入閣すると、大平は次の池田内閣で官房長官、さらに外相に就任した。

池田内閣で自民党政調会長の田中は、佐藤栄作の指示を受けて大平と緊密に連絡をとるようになる。羽田孜《はたつとむ》元首相によれば、「これが後の田中・大平の朋友関係に育っていく」[18]。

田中が内政に専念したのに対して、大平は外交にも目を向けた。かつて大平は、選挙への初出馬を前にアメリカを長期旅行しており、池田内閣官房長官としても外交に見識を深めていた。森田が述懐する。

大平が外交を一番身近に感じるようになったのが官房長官になってからで、武内龍次外務次官が毎週一回、国際問題を一時間か二時間かレクチャーしていましたからね。その頃はもうはっきり、官房長官辞めたら外務大臣になろうと意識していたのだと思いますね。

外相の座を欲していた大平は、一九六二年七月の池田内閣改造で行動に出た。娘婿の森田を従え、大平は目白にある田中の豪邸に足を運んだのである。閣僚人事の根回しにほかならない。しかも大平は森田に命じ、菓子箱に五〇〇万円を詰めさせていた。大平と森田は、ほかの政治家や新聞記者に発覚しないように「塀《へい》を越えて二人で中へ入」った。

田中が現れると、大平は、「君、ちょっと気後れかもしれんが、大蔵大臣をやってくれ」と膝を乗り出した。田中を蔵相に据え、自分は外相というのが大平の腹である。

このとき田中は政調会長を一年務めたばかりで、再任もありえただろう。実際、前尾繁三郎と赤城宗徳《むねのり》は、それぞれ幹事長と総務会長にとどまった。田中は蔵相を望んでいなかったが、大平の構想に賛同し、猛勉強を始めることにした。

田中が五〇〇万円入りの菓子箱を受け取ったことはいうまでもない。その模様を森田は、

「五〇〇万円なんて角さんにとっては雀の涙みたいなものですから」、「五〇〇万円というのは結局、そういう構想にお前も賛成してくれよなという挨拶料みたいな感じ」と証言する。

すると池田が大平を首相官邸に呼び出し、「組閣名簿を作ってくれ」と頼んできた。大平は、「大蔵大臣　田中角栄」などと記して池田に手渡したが、奥ゆかしくも、意中の外相だけは空欄にしておいた。

大平から組閣案を受け取った池田は、「お前がどこにもいないじゃないか。……あ、ここか」とつぶやき、外相の欄に「大平正芳」と書き込んだ。田中蔵相、大平外相の誕生である。[19]大平と田中の「大角コンビ」が池田内閣を牽引し始めた。[20]

同年一一月三〇日には、第二回日米貿易経済合同委員会がワシントンで開催され、田中蔵相と大平外相がともに訪米した。

機内で田中は「大平よ」と呼びかけ、広大なアメリカ大陸を窓からしげしげと覗《のぞ》き込んだ。田中が、「おれたちはこんな大きな国とよう戦争をやったもんだな」と語ると、大平は笑みを浮かべてうなずいた。「父にとって田中さんは仕事以外の話で腹の底から笑える相手でした」と長女の芳子は述べる。[21]

大平は田中ほどに派閥力学を好まなかったものの、「大平は、派閥に肯定的というか、割とプラスマイナスを公平にみようやという感じ」だった。[22]大平は派閥を悪と決めつけなかったし、それどころか政策の実現には後ろ盾を要した。一九七八年、大平が福田赳夫首相に挑戦して自民党総裁選に勝利するのは、田中の支援にほかならない。

日中国交正常化までに中国を何度も訪れ、大平の助言者でもあった自民党親中派の古井喜《ふるいよし》実《み》衆議院議員はこう語る。

田中という人は内政については経験が豊富でしょうけれども、外交は弱いに決まっているんです。それで自分で考えろだ、自分で判断しろだといったって、できないとぼくは思ったんです。〔中略〕田中新総理は、すべて大平君、きみ考えてくれ、ということだったわけだ。あれは田中君のえらいところですよ。わかりもせんくせにくちばしを入れようとはしないで、大平君考えてくれと。で、大平君の全責任になったわけだ。[23]

田中と大平は、好対照なだけに互いを必要とした。田中は、天下を獲った暁の外相には大平と決めていたのである。

## 中国国連加盟後の想定

田中や大平は日中関係の打開に意欲を示すようになるが、吉田内閣から佐藤内閣にいたるまで、日本は中国ではなく台湾を承認していた。

一九五二年の日華平和条約で台湾と国交樹立した日本だが、台湾承認は政治的には大陸を含まない「限定承認」ともいわれた。しかし、中国と台湾がともに中国全域で唯一の合法政府だと主張している以上、「限定承認」ということは国際法的にありえない。

日華平和条約に対する日本の説明は一貫しておらず、そのことを中国と台湾は非難した。だからといって、日本を一方的に批判するのは当たらない。根本的な原因は、中国と台湾がともに全中国を統治する唯一の合法政府と主張したことにある。台湾が全中国の統治を主張したことは虚構であり、他方、中国が台湾を実効支配していないことも明らかである。中国と台湾が「一つの中国」を主張する限り、日本は厳しい判断を強いられた。

アメリカが台湾を選択するよう日本に求めたことに加えて、中国は朝鮮戦争時に「侵略国」と国連で名指しされていた。そのような国際環境が、中国との国交樹立を困難にした。

田中と大平のうち、対中関係で先に責任ある地位に就いたのは大平だった。すでに述べたように大平は、池田改造内閣で外相となっていた。一九六四年一月にはド・ゴールのフランスが中国承認を発表し、台湾は二月一〇日にフランスと断交する。

大平外相は二月一二日の衆議院外務委員会で、穂積七郎社会党議員の質問を受けて論じた。

国連におきまして中共政府が国連に加盟される、世界の祝福の中にそういう事態が起こりますならば、当然わが国として重大な決心をせなけりゃならぬのは、これは理の当然だと私は思います。

中国が「世界の祝福」のもとに国連に加盟するのであれば、日本も中国との国交正常化を検討せねばならぬというのである。

なおも穂積が、国連における中国の代表権獲得を妨害しないのかと食い下がると、大平は一蹴した。

日本政府に対してたいへん非礼な御質問だと思いますが、日本政府は国連憲章の精神に基づきまして公正に国連活動をするわけでございます。[24]

この答弁で大平が、大陸と台湾の「二つの中国」という考え方に否定的なことも注目される。大平とすれば、「日中国交正常化をこれから一生涯かけてやりますよ」というメッセージだった。[25]

### 大平通産相と佐藤首相

池田内閣は東京オリンピックを花道に退陣し、佐藤内閣が一九六四年一一月に成立する。田中は大平と連絡をとり、ポスト池田が佐藤に転がり込むよう働きかけた。[26] 佐藤政権は、一九七二年七月まで続く歴代最長内閣となる。

池田内閣末期に自民党筆頭副幹事長となっていた大平は、佐藤派でないにもかかわらず、佐藤内閣の誕生に尽力した。大平側近の森田がこう述べる。

大平の方からいえば、池田の後は佐藤しかいないということでした。池田さんが病気で、大平副幹事長が毎日見舞いに行って、それで面会者名簿を見まして、こいつはこういうアドバイスをしているかもしれんと思うと、それを雑談の中で修正して、池田の頭を佐藤栄作に切り替えるような努力を毎日していた。

池田の後継指名に際して大平は、同じく吉田に連なる保守本流の佐藤を池田に推したのである。ところが森田によると、首相に就任した佐藤は大平を遠ざけたという。

佐藤さんにしてみれば大平を嫌がる理由は二つあったと思うのです。一つは、福田赳夫と田中角栄については、俺（佐藤）は操れると。だけど、大平は食えん奴だから、ちょっと俺が操りにくいと。もう一つは、前尾と大平とを分断しておけば宏池会の力が弱くなる、だからこれを分断しようと。それから、田中角栄と大平を近づけないようにしようと。

佐藤は、盟友の田中と大平が結託することを恐れ、両者を分断しようとしたのである。[27]佐藤内閣で蔵相に留任した田中は、自民党幹事長や通産相という主要ポストにも起用された。出遅れた大平も自民党政調会長や通産相を務め、前尾を継いで宏池会会長に就任する。

その頃の日中関係は冷え込んでいた。文化大革命という名の権力闘争に明け暮れる中国が、佐藤内閣を「中国敵視政策」と非難したからである。対中関係で進展のない佐藤は、沖縄返還を最大の外交課題に掲げ、一九六九年一一月に訪米してニクソン大統領と共同声明を発する。

佐藤・ニクソン共同声明には、「総理大臣は、台湾地域における平和と安全の維持も日本の安全にとってきわめて重要な要素であると述べた」と記された。[28]台湾を日米安保条約の対象とする条項であり、中国は激しく反発した。佐藤内閣に失望した中国は、次なる政権に日中国交正常化を託すようになり、とりわけ田中に期待を高めた。

日米間では沖縄返還の見通しが立ったものの、繊維貿易で摩擦が強まった。沖縄返還に際して佐藤は、アメリカと繊維摩擦で取り引きしたと噂された。このとき通産相だった大平は、繊維問題を解決すべき立場にある。アメリカと取り引きがあったとすれば、真っ先に知らされねばならない。

しかし大平が、「何かありましたか」と問うても、佐藤は取り引きなど「一切ない」と否定した。佐藤は大平を警戒して本当のことを明かさず、あくまで距離を置こうとしたのである。これでは大平も、手の打ちようがない。「待ちの政治」「人事の佐藤」と呼ばれる佐藤の手法が、大平には無情と映った。

大平からすれば、「あれだけ佐藤総理実現に努力したのに」という思いがある。しかし、大局観に優れた大平は、佐藤への反発を胸間に押し込め、感情に流されまいとした。結局のところ大平は、繊維摩擦を解決できないままに通産相を退き、後任の宮澤喜一もまた繊維交渉を進められなかった。[29]

### 田中通産相と佐藤首相

佐藤は一九七一年七月五日、幹事長だった田中を通産相に起用した。しかも佐藤は、アメリカとの取り引きについて田中には真相を告げた。つまり佐藤は、大平よりも自派の田中を信頼したのである。[30]

すると田中は対米輸出を自主規制するとともに、繊維業界に救済資金を注ぎ込んで問題を一気に解決した。通産相秘書官で、のちに通産次官となる小長啓一の証言から再現したい。

小長によると、九月に訪米した田中はコナリー財務長官と会談し、「通産省の事務当局の振り付け通り、『被害なきところ規制なし』という考え方で大論陣を張った」。「通産省の事務方は、もうすっかり大臣を尊敬する眼差しで見る格好になりまして、これは結果的に見れば、田中さんの巧みな人心掌握術の第一歩だったわけです」。

コナリーも譲らないため、田中はアメリカと物別れになった。帰国後に田中は、両角良彦《もろずみ》通産次官らに問うた。

「私は君たちの言う通りやってきたよ。しかし全然事柄は解決してないね。だから何かもうちょっと新しい工夫をしなければ、この問題は解決しないのではないか」

通産省の幹部たちも、「被害なきところ規制なし」と主張するだけでは収まらないとわかっている。

そこで浮上したのが、対米輸出を自主規制しつつ、国内に救済措置を講じる案だった。その予算は二〇〇〇億円にも膨《ふく》れ上がる。「通産省事務当局も恐る恐る最後の案に加えていたわけですが、田中さんは、もうそれに飛びついたわけです」。

田中が「これの問題点は何だ。この案の問題点は何だ」と身を乗り出した。

通産省幹部は、「それはもう予算が取れるかどうかです。五〇〇〇億円が通産省全体の予算で、二〇〇〇億円も繊維産業だけに付けるというのは、とても駄目です」と悲観的である。

田中が、「問題はそれだけか」と畳みかけ、「もうその一点に尽きます」と聞かされると、「じゃあ、それは俺に任せろ」と即答した。

事務当局の目前で田中が、佐藤首相と水田《みずた》三喜男《みきお》蔵相に電話し始めた。

「日米繊維交渉を解決するためには、もうこれしかない。そのために二〇〇〇億円要る。国家予算全体から見りゃ、大した金ではないじゃないか」

田中の迫力に押された佐藤はやむなく承服し、水田も「総理がおっしゃるなら」と認めざるをえない。ここからが芸の細かいところで、水田との電話を切った田中は、さらさらと自分の名刺に「二〇〇〇億円よろしく頼む」と書き込み、小長秘書官から大蔵省主計官に届けさせた。

小長によれば、「政治的決着をしながら、事務当局同士への配慮も欠かさない。事務当局同士も田中さんがそこまできめ細かい配慮をしてくれているということで、そんな大きな諍《いさか》いにならない格好で事柄は進む」[31]。

田中の追悼文集に小長は、「政治決断から最終決着まで約五十日、それはまさに電光石火の裁きであった」と寄せている。[32]辣腕《らつわん》田中の面目躍如である。

しかも田中は、社会党、公明党、民社党の書記長をホテルに集めて根回しし、「昨日まで書記長・幹事長でやってきた仲じゃないか」と説得した。社会党書記長だった石橋政嗣《まさし》は、「角さんがもたらした弊害も多かったが、少なくとも一緒に仕事をして裏切られたことがなかったのも事実である」と記している。[33]

めきめきと頭角を現す田中は、福田とともに次期首相の有力候補に急浮上した。そんな矢先に佐藤政権を揺るがしたのが、いわゆるニクソン・ショックである。それはまさに悪夢だったが、田中内閣の誕生、ひいては日中国交正常化の序曲ともなった。

# 第2章　ニクソン・ショック——ポスト佐藤へ

## 「どうせアメリカは身勝手に独走する」

一九七一年七月一五日、夜更けのことである。ホワイトハウスからの電話が、駐米大使館一等書記官の村田良平宅に鳴り響いた。のちに外務次官となる村田は不在だったが、慌てていたホワイトハウスの担当官は不用意にも、「ニクソン大統領の北京訪問の件だ」と村田の妻に漏らしてしまう。

ロジャーズ国務長官の命による電話であり、アメリカは牛場《うしば》信彦《のぶひこ》大使をつかまえようと必死になっていた。[1]

ようやく午後一〇時過ぎに牛場を電話口に呼び出すと、ロジャーズは言葉を急いだ。

キッシンジャー補さ《ママ》官は7月9日より11日まで北京を訪問、シュ《マ》ーオンラ《マ》イ首相と会談し同首相の招待を受けてニクソン大統領は明年5月までの適当な時期に北京を訪問することとなつた。〔中略〕本日午後10時半ニクソン大統領よりテレビ放送にて発表されることとなるが、事前に御連絡する。

驚天動地《きょうてんどうち》の連絡を得た牛場は、即座に東京の安川壮《やすかわたけし》外務審議官に電話した。東京が内報を受けたわずか三〇分後、ニクソンは電撃的に訪中を発表する。[2]

佐藤首相は日記に書き入れた。「中身はわからぬが、ベトナム戦を早くやめ度《た》い、それが主眼か。〔中略〕何れにしても中共の態度も柔軟になって来た証拠か」。ニクソン訪中が不意打ちだったのみならず、中国がアメリカを受け入れたことも予想外である。二重の衝撃が佐藤を襲っていた。[3]

七月一七日に国会の所信表明演説を控えていた佐藤は、演説原稿の一部を書き換えた。佐藤や外務省の驚愕《きょうがく》ぶりは想像に余りある。アメリカが日本に相談なくニクソン訪中を決定し、しかも通報がニクソン訪中公表の直前になったことは、外務省にとっては最大級の汚点となる。

ニクソン・ショックは、日本に深い影を落とした。村田はこう振り返る。

この通報のおくれは、日本側（特に自民党、外務省）の一部に、中国問題と台湾問題について充分アメリカと協議の要はない、どうせアメリカは身勝手に独走するとの印象を与えてしまった。田中角栄首相もそういう印象をもった一人だったのであろう。日本国内で対中国交正常化の声が高まるや、より冷静になれとか、台湾のことを少しは考えよという正論は抑えられてしまった。その意味で不幸なショックであった。[4]

なぜ日本への通告は直前になったのか。牛場が述べる。

> ニクソン氏は別としても、ニクソン周辺の人は、日本のために何かしてやろうという気は毛頭なかったことは確かです。それは何かというと、繊維問題では結局裏切られたという感じが強かったからだと思うんです。[5]

**ニクソン米大統領の訪中発表**　「敵対」からの方向転換であり，テレビを通し全国民に向けて行われた．1971年7月15日

### 対中国政策の転換

ニクソンの訪中声明を知らされた田中

通産相は、「世の中変わったな」と小長啓一秘書官につぶやいた。[6]
一方、理詰めの思考を好む大平は、ニクソン・ショック直後こそ慎重な態度を保ったものの、やがて中国承認の方針を打ち出していく。一九七一年九月一日、箱根のホテルがその舞台である。

宏池会議員研修会で大平は、「日本の新世紀の開幕——潮の流れを変えよう」と題して演説した。

わが国は、いまや戦後の総決算ともいうべき転機を迎えている。これまでひたすら豊かさを求めて努力してきたが、手にした豊かさの中には必ずしも真の幸福と生きがいは発見されていない。

無役の大平は、注目の中国問題について語気を強めた。

昨秋以来、国連の大勢は、北京に中国の代表権を認める方向に急速に傾斜してきた。また北京と外交関係を持つ国も、その後続々増えてきたばかりか、わが国の世論もその方向に大きく動いてきた。私は、政府がこの情勢を正しく評価し、いわゆる中国問題に決着をつける時期がいよいよ熟してきたと判断する。[7]

北京との接触開始を説く大平の演説は、明らかに次期総裁を見据えていた。台湾に固執する佐藤首相への批判でもある。『朝日新聞』は翌二日、「大平氏が〝反佐藤宣言〟中国政策転換急げ」と一面トップで報じている。[8]

攻勢に転じた大平を後押しするかのように、一〇月二五日には中国の国連加盟が認められ、台湾は国連脱退を表明した。日中国交正常化の国際環境が、整いつつあったのである。[9]

対中関係を扱う外務省アジア局中国課も、ニクソン・ショックを重く受け止めた。橋本恕中国課長は、「ああ、やっぱりやりやがったか」と反発した。[10]

当時の中国課は二六人の大所帯で、橋本課長のもと、渡邊幸治首席事務官、中国語専攻の上級職、専門職を中心に動いていた。上級職は、キャリアとも呼ばれる。渡邊は中国語専攻でないこともあり、米中関係をフォローした。中国課には、課長、首席事務官の下にキャリア中心の総務班があり、そのほかに専門職中心の政務班、経済班、台湾班などがあった。

中国課長のところには、アメリカ大使館の書記官が毎週のように来ていた。日本の対中政策の動向は東アジア情勢に大きな影響を与えるため、アメリカは大きな関心を示していた。アメリカから事前通告がなかったことは、それだけに衝撃だった。[11]

## 美濃部都知事訪中と保利書簡

ニクソン政権に裏切られた佐藤内閣は、対中接近に重い腰を上げようとした。もっとも、対中政策をめぐって佐藤内閣と自民党は一致していなかった。佐藤内閣で外相だった福田赳夫は、「佐藤体制の下では保利茂氏が日中問題では積極派、私は慎重派であった」と論じている。[12]

「積極派」の保利は当時、自民党幹事長だった。

その福田は、「日中関係の正常化に政府は熱意がない」という野党や自民党ハト派からの突き上げに対して、「あひるは水面に首を出しジッとしているように見えるが、水の下では激しく水かきをしている」と国会や記者会見で語っていた。福田は、水面下の方策を「あひるの水かき」にたとえたのである。[13]

対中接近の動きとしては、自民党親中派議員の川崎秀二《ひでじ》や日中国交回復促進議員連盟会長の藤山愛一郎《あいいちろう》元外相による第三次訪中もあったが、最たるものは保利書簡だろう。

保利は、周恩来宛て書簡を美濃部亮吉《みのべりょうきち》都知事に託した。美濃部は一九七一年一一月に訪中することになっていた。[14] 野田毅衆議院議員によると、義父の野田武夫衆議院議員が保利から「国交正常化ではいろいろ相談を受けていた」という。[15]

保利は周宛てに書簡をこう認《したた》めた。

私は由来中国は一つであり、中華人民共和国は中国を代表する政府であり、台湾は中国国民の領土である、との理解と認識に立っております〔中略〕両国関係を速かに正常化いたすよう一段の努力をいたし、相携え相協力して亜細亜と世界の平和を確立することを強く念願して居ります[16]

奇《く》しくも保利書簡の日付は、中国の国連参加が決まった一〇月二五日になっていた。中国寄りの姿勢を示した保利書簡だが、一一月一〇日、美濃部と北京で会見した周恩来は相手にしなかった。周は、「佐藤さんのような考え方では、日中の国交の正常化は不可能である」と取り付く島もない。

その模様について美濃部は、「周さんが佐藤さんを非常にきらいでね、非常にきらいであるということから、そのことばも悪意にとったんじゃないかという気がしましたんですね」と振り返る。「ぼくの受けた感じは、佐藤さんじゃだめだと。何を言ってもね。佐藤さんじゃあ成功しないという感じを受けましたね[17]」。

周からすれば、佐藤が国連で台湾の地位を守ろうとした記憶は生々しく、政権交代なくして日中国交正常化はありえないと決めていた。

**橋本レポート**

佐藤内閣以後の政局を見越して、日中国交正常化を正面から論じようとする政治家がいた。

田中と大平である。まずは田中を追ってみたい。

外相経験のある大平に比べると、田中は外交に素人だった。外交に不案内と自覚した田中は、一九七一年夏頃から中国問題の勉強会を立ち上げた。勉強会といっても、もっぱら橋本中国課長による出講である。

橋本は一九六六年に中国課配属となっており、一九六八年一月には中国課長心得、同年四月には中国課長となっていた。異例に長く中国課長を務めた橋本は、目白の田中邸で中国問題について何度も助言した。橋本は田中との関係をこう語る。

私が角さんに最初に会ったのは、角さんが自民党の幹事長の時ですよ。『東京タイムズ』の早坂〔茂三〕君とね、それから共同通信にいて角さんに引き抜かれて、角さんの秘書になった麓《ふもと》〔邦明〕君、この二人で私を口説いて、うちの親分に、中国問題についてブリーフしてくれと頼まれた。角さんも、はっきりした明確な考え方を固めなきゃならん時期だと思うというわけです。

橋本が初めて接触したとき、田中は自民党幹事長だったというのである。田中が幹事長から通産相に転じたのは一九七一年七月五日であり、ニクソン・ショックが同月一五日だから、田中はニクソン・ショック以前から中国問題に関心を示していたことになる。「その時が始まりで、何回か角さんに会って、中国の話を中心にした」と橋本は述べる。

橋本は田中幹事長を自民党総務会で見かけ、傑物と直感した。

自民党の総務会で呼ばれて、中国問題について話してほしいということだった。三、四〇人いたよ、えらい数が多くてね。〔中略〕党本部の一番大きな会議室、党の総務会。そこへサーッとね、忙しそうに角さんが、田中幹事長が入ってくる。瞬時にして、春のだらけた日向ぼっこしている最中に、一陣の風が冷徹な空気を運んできたというような感じでね。一瞬にして、空気がピーンと張り詰めたのね、角さんが入ってくると。これは大変な人だなと。

橋本　恕

橋本は一九七二年一月、つまりニクソン訪中の前月に報告書を田中に提出した。通称、橋本レポートである。橋本が田中邸に通い詰めて手交したレポートは、国際情勢を分析し、日中国交正常化を説いたものだという。

中国と日本との国交正常化がなぜ必要かということから説き起こしてね。それで中国と日本が国交正常化をした暁には、大筋の形はこうだと。アメリカは長いこと戦後二〇何年間、日本に北京の方を向くな、台北の方だけを向いていろと言い続けておきながら、自分はさっさとキッシンジャー訪中、それからニクソン訪中をやってね。そのアメリカが文句を言うはずがない。案の定、文句を言わなかったよね。対米関係を心配する必要はないと書いた。

さらに橋本は、ソ連やアジア諸国の反応を勘案し、「総体として言えば日中国交正常化をやることによるマイナスっていうのは、気にするほどではないというのが結論です」と田中に伝えた。台湾に関してはどうか。

台湾についてはね、最大限の誠意を最後の最後まで示すべきだと思う。だけどね、中国と国交正常化をやるってことは、即台湾と断交のほうに動くということ。最大限の礼儀をもって日本の考えを懇切丁寧に説明し、かつ礼儀を尽くすという必要がある。これはもう田中さんも大平さんも、私と同じように考えていたと思うよ。

橋本は、このレポートを三部渡している。橋本レポートに共感を覚えた田中は、一部を同じ佐藤派の愛知揆《き》一《いち》に渡し、残る一部を早坂に保管させた。橋本によると、田中は首相就任を想定し、愛知を「外交問題についてのアドバイザー」にしたいと考えていた。[18] 愛知は佐藤内閣の前外相として、沖縄返還に功績があった。

田中が橋本レポートに影響を受けたことは間違いない。総理の椅子に手を掛けようとする田中は、愛知や橋本を助言者として外交面での不安を払拭《ふっしょく》したかった。愛知は、第二次田中内閣で蔵相として入閣する。

## 「ギルティ・コンシャスネス」

一方の大平も、橋本に意見を求めた。橋本はこう回想する。

大平さんが佐藤内閣の最後のとき、ちょっと佐藤さんから外されて、彼は宏池会のトップだったけど、そういう言い方がいいか悪いかしらないけれど、ちょっと干されていて無役だったのですよ。それで暇だったので、よく電話がかかってきた、私にね。その頃、彼は中国問題を真剣に考えていましたからね。国交正常化を。だから、それについて私は、「いつでも話しに行きますよ」と言って、一度や二度かは直接会って説明したこともあるけれども、大部分は電話です。

このように大平と田中は、中国との国交樹立を検討していた。二人に相違はあったのか。

田中さんと大平さんでどこが違うかというと、角さんも大平さんも、あの当時の日本人の一人として、中国に対してね、ずいぶん中国人をひどい目に遭わせたという、いわゆるギルティ・コンシャスネス〔罪の意識〕を共通に持っていました。しかし、中国に対するこのギルティ・コンシャスネスが一番強烈なのが大平さんだったと、私は思っているのです。[19]

およそ当時の日本人は、日中戦争で計りしれない危害を加えたことに「ギルティ・コンシャスネス」を抱いていたであろう。その傾向が大平に顕著だったというのである。

## 三者会談と中国問題

一九七二年三月二二日、日中国交回復促進議員連盟会長の藤山が四回目の訪中に旅立った。その直前に藤山が田中を訪ねたところ、「おれは、もう〔首相になったら〕すぐ〔中国へ〕行くよ」と田中は答えた。北京で藤山と会見した周恩来は、「もう、アヒルの水かき型の佐藤亜流の対中接近は受けつけない」と言明している。[20]

田中は中国をどう認識していたのか。田中は三月二三日、衆議院予算委員会で川崎秀二に「日中国交にあたっての贖罪《しょくざい》意識」を問われ、こう答えている。

私も昭和十四年から昭和十五年一ぱい、一年有半にわたって満ソ国境へ一兵隊として行って勤務したことがございます。しかしその中で、私は人を傷つけたり殺傷することがなかったことは、それなりに心の底でかすかに喜んでおるわけでございますが、しかし私は、中国大陸に対してはやはり大きな迷惑をかけたという表現を絶えずしております。これは公の席でも公の文章にもそう表現をしております。迷惑をかけたことは事実である、やはり日中国交正常化の第一番目に、たいへん御迷惑をかけました、心からおわびをしますという気持ち、やはりこれが大前提になければならないという気持ちは、いまも将来も変わらないと思います。[21]

のちに北京で田中は、「中国国民に多大のご迷惑をおかけした」とスピーチし、「ご迷惑」という言葉が周恩来らの怒りを招く。だが、田中にとって「迷惑」は、「心からおわびをしますという気持ち」なのである。

それにしても、外交経験に乏しく、国内政治に没頭していた田中が、なぜ中国との国交正常化に意欲を示したのか。大平側近の森田が語る。

角さんは、日中問題に関心があるというよりは、総裁選で勝つためには三木〔武夫〕を引っ張り込まなければいけないと考えた。三木を引っ張り込んだら、中曽根もついてくるという判断がありましたからね。

田中は自民党総裁選をにらみ、日中国交正常化を天下取りの一策に位置づけた。森田によれば、田中は一九七二年春、大平、三木武夫と三者会談を極秘で開き、日中国交正常化に熱心な三木を抱き込もうとしたのである。この三者会談は田中の呼びかけによるもので、森田は大平に同行していた。[22]

三者会談後の四月二一日、三木は北京で周恩来と会見し、「私は国交回復に全力を尽くす決意である」と述べている。[23] 王国権《おうこくけん》中日友好協会副会長らとも会談した三木は、帰国後の記者会見でこう明かした。

私も従来からこの原則〔中国の復交三原則〕をふまえて話し合いをすべきであるといっている。したがって今回の周総理との話し合いもそれから先の話であったわけである。[24]

中国が求める復交三原則の承諾を前提にした三木の発言だが、外交のカードを無為に切るようなものではなかろうか。日米安保体制との関係、日華平和条約の合法性などを勘案すれば、総裁選に名乗りを上げる者にしては軽率といわねばなるまい。

田中と大平は、田中が総裁選に勝利した暁には田中首相、大平外相という構想を共有していた。年長の大平には、「自分が先に総理になった方がいい」という自負もあったが、政治家としての実績では田中が先行していると認めざるをえない。[25]

## 中曽根康弘の記憶

田中、福田、大平、三木が総裁選への立候補を固めるなか、中曽根康弘は出馬を見合わせた。

田中内閣をつくるときに、私と大平と三木と相談して、田中を次の総理にしようという話をしたときに、田中に、中国と提携するという条件をつけたんだ。三人で話をしてね。田中は嫌がったんだけどね。だけど、お前を総裁にするんだからということで、田中もやむを得ず呑んだ。〔田中が〕七月に総理総裁になったとき、なかなかやらなかったよ、初めは。それで七、八月ごろ、「早くやれ、早くやれ」と〔田中に〕言ってね。[26]

つまり中曽根は、立候補辞退の条件として、日中国交正常化の断行を田中に呑ませたと回想する。

七月二日には、田中、大平、三木が再び三者会談を行い、「政策協定」に合意した。中国については、「日中国交の正常化はいまや国論である。われわれは政府間交渉を通じて中華人民共和国との間に平和条約を締結することを目途《もくと》として交渉をおこなう」とされた。

中国の復交三原則を踏まえる三木と、それに慎重な田中、大平の間には温度差があったものの、三者は反福田勢力を結集するために折れ合った。

これに中曽根も同意し、田中派、大平派、三木派、中曽根派は決選投票で共同行動をとることにした。総裁選は事実上、田中対福田で争われ、[27]「政策協定」はやがて田中内閣の路線になっていく。

対立候補の福田は、対中方針で歯切れが悪かった。岸派の流れを汲む福田派は、台湾寄りの議員を多数抱えていた。福田自身も、「賠償問題にも寛大な態度で臨むなど、蔣総統が終戦時にわが国に与えてくれた親切は筆舌に尽くしがたい」と感じていた。

佐藤内閣で外相の福田は「あひるの水かき」と称し、中国の出方を水面下で探っていたものの、「田中氏が組閣後わずか二カ月くらいで北京に出向くとは夢にも考えなかった[28]」。

自民党総裁選が七月五日に迫るなかで、日中国交正常化の決断が勝敗を左右しようとしていた。

# 第3章　田中内閣成立と竹入メモ——最初の接触

## 田中の勝利

運命の一九七二年七月五日を迎えると、田中、大平、福田らが昼前の日比谷公会堂に現れた。自民党総裁を決する臨時党大会である。

第一回投票では田中の一五六票を筆頭に、福田一五〇票、大平一〇一票、三木六九票と続いた。決選投票は角福因縁の対決となり、二八二票の田中が一九〇票の福田に圧勝した。大平派と三木派の票が田中に流れたのである。

日比谷公会堂が「ウォー」とどよめくと、壇上に立った田中が声を張った。

「ただいまみなさんのご推挙により選任され責任の重大さを痛感している。内外の時局は重大である。〔中略〕全党員結束のもと全力をつくすことを誓う」

**自民党総裁選で勝利した田中角栄** 1972年7月5日

福田は青ざめた表情で田中をにらみつけるが、大平はかすかに笑みを浮かべていた。「自民党万歳」と叫ぶ新総裁のほおに、水玉のような汗が弾《はず》んだ。[1]

それにしても、何が田中と福田の明暗を分けたのか。民社党委員長の春日一幸によると、「福田敗因は、やはり中国問題」だった。[2] 福田は、岸信介らとのしがらみで対中政策にフリーハンドを持てず、そのことが総裁選にも影響したというのである。

外相としての経験や官僚出身の手堅さでは、明らかに福田が秀《ひい》でている。だが決断力では田中に軍配が上がる。中国からしても、反りの合わない佐藤内閣で外相の福田よりも、理解のある田中が国交樹立に適任であった。

田中は、自民党本部で記者会見に臨んだ。「日中の国交正常化をどうすすめるか」と記者に問われると、田中は「正常化の機が熟してきていると思う」と断じた。[3]

総理官邸でパーティを済ませた田中は、平河町の砂防会館にある田中事務所に足を向けた。

佐藤昭子秘書によると、「田中の表情はすでに首相の顔に変わっている。今までとは違う凜《りん》とした緊張感があり、近付き難い感じがした」。マスメディアは「今太閤」ともてはやすが、田中は、「俺は秀吉より信長の方が好きなんだよ」とはにかんだ。[4]

### 「あの人たちの目が黒いうちに」

七月七日、いよいよ田中内閣が誕生した。大平派の議員たちは「幹事長もしくは蔵相を要求してつき上げ」[5]たものの、大平は迷わず八年ぶり二度目の外相に就任した。官房長官には、「趣味は田中角栄」と公言する田中腹心の二階堂進が据えられた。

初閣議後に田中は、「外交については、中華人民共和国との国交正常化を急ぎ、激動する世界情勢の中にあって、平和外交を強力に推進していく」と談話を発表した。[6] 田中の姿勢は、中国共産党員向けの内部刊行物『参考消息』でも大きく報じられた。[7]

田中は、こうも語っていた。

> 毛沢東、周恩来が今の中国をつくった。彼らは共産主義者であれ、苦労してきた人たちだ。多くの死線を越えてきた。ないないづくしのなかで、あのでかい国を統一してきた。あの国をやりくりしていくためには、今、何が必要かを彼らはよくわかっている。しかも、国民の支持を得ている。今、あの人たちの目が黒いうちに、勝負を決めなくてはな

らない。[8]

毛や周の「目が黒いうちに」国交正常化を成し遂げようというのである。田中の対外構想については、首相秘書官だった木内昭胤が記している。

田中総理の外交戦略は、まずアメリカとの関係を固め、その上で日中の国交正常化という一大偉業をなしとげ、西欧の雄である仏、英、西独との誼《よしみ》を強固にした上で、最も厄介なソ連との関係の改善を図ろうとするものであった。[9]

首相、外相に就任した田中と大平は、どのような間柄に映っただろうか。通訳を務めた元外交官は、匿名を条件にこう述べる。

田中、大平というのは、親分、子分ではなく、兄弟のようでした。兄弟分であるけれども、どちらが兄か弟かというのは必ずしもはっきりしない。外向きには総理大臣が兄貴分になるわけですけれども、実際には田中さんは、勘所は別にして、普通の外交は全部大平に任せるという感じだったと思います。大平さんも、「それでいい、俺は俺なりにやる」ということで、かなり伸び伸びやっておられた感じです。[10]

田中と大平は兄弟のようであり、総じて外交は大平に任されたというのである。田中に決断力があったにせよ、田中だけで日中国交正常化を達成できるわけもない。大平の支えが不可欠となる。

外交を大平に託した田中の腹とは、いかなるものだったのか。そこに田中流の計算があったことはいうまでもない。大平を外交に専念させ、自分は国内政治の基盤を固めようというのである。大平はそのことを自覚しており、秘書の伊藤昌哉も「大平は体よく外相に棚上げされた」と察知していた。[11] それでも大平は外相就任をためらわず、中国大陸への第一歩を胸に描こうとした。

## 大平の極秘指令

七月七日、外務省に初登庁した大平は、「ぜひとも橋本君に会いたい」と橋本恕中国課長を呼び出した。橋本が大臣室に現れると、大平は明かした。

「昨夜《ゆうべ》、角さんとこういう話になった。国交正常化をやると。ただ絶対に極秘でもって進めたい。やはり、外務大臣の俺と田中が一緒になって訪中せざるをえないだろうな」

さらに大平は、「訪中のすべてのお膳立てをやってくれ。ただし、これはあくまでも極秘で次官にも言うな」と声をひそめた。大平は、訪中準備を橋本に委《ゆだ》ねたのである。[12]

この日から橋本は、こまめに大臣室へ足を運ぶようになる。チャイナ・スクールの吉田健三アジア局長を差し置いて、橋本は単独で大平と協議したのである。官僚の通念からすると、課長が局長の頭越しに外相と頻繁に会うのは尋常ではない。上司の吉田は外されたことになり、愉快ではなかっただろう。それでも大平は橋本を信頼していたし、橋本も役人にしては珍しく個人プレーを好んだ。[13]

その橋本をもってしても、独力でやれることには限界があった。橋本が数日後、「大臣、こんな話を誰にも言うな、一人で準備を進めてくれと言われても、一人では無理です」と音《ね》をあげた。

大平が、「そうだよな。それはわかる。俺が次官の法眼君に話そう」とうなずいた。[14]

外務事務次官の法眼晋作は佐藤内閣期から留任しており、政策的には反共の台湾派であった。その法眼を大平が説得し、外務省の舵《かじ》を大きく切ったのである。法眼は、日米が中国と接近することによって中ソ同盟に楔《くさび》を打ち込み、ソ連を孤立させる政策に転換した。[15] そのことを新聞記者に問われた法眼は、「君子は豹変《ひょうへん》するんだ」と苦笑した。[16]

大平―橋本ラインには、高島益郎条約局長のほか、橋本と親しい栗山尚一条約課長が加わった。橋本が局長の頭越しに大平と接したのと異なり、栗山は上司の高島に指示を仰いだ。栗山の姿勢は控えめだが、日中共同声明案の起筆という重責を担うことになる。

このように大平は、日中国交正常化に向けた初動を極秘としており、大平のもとで、橋本、高島、栗山が水面下の推進力となっていた。法眼も、中国との国交樹立を趨勢《すうせい》と考えるようになった。きわめて少数の政策集団が、国交樹立を導いていく。

大平が極秘を強調した理由について、橋本はこう語る。

当時、自民党は中国との国交正常化をめぐって本当に乱闘寸前まで行ったのです。灰皿は乱れ飛ぶ、机、椅子が倒れるね。乱闘寸前まで行ったのですよ、自民党。ことそれほどに激しかった。北京派と台湾派に分かれた。〔外務〕省内もそうなのです。ただ省内の場合は、中国との正常化をできるだけ早急にやらなきゃならんと公然と言ったのは、私一人なのです。[17]

大平は橋本や高島と細部まで話し終えると、夜には新橋の料亭栄家《さかえや》に繰り出した。広島出身の女将《おかみ》が切り盛りする栄家は、池田勇人の頃から宏池会の御用達だった。[18]

といっても、大平は酒が飲めない。大平が料亭に行くのは、官僚たちを労《ねぎら》うほか、中国通の古井喜実衆議院議員などから裏をとるためである。栄家では、どんな秘密も守られた。[19]

翌日になると大平は橋本を大臣室に呼び入れ、また詰めの作業を重ねた。多忙を極める日々が続いていく。[20]橋本は「訪中準備室」を設置し、中国訪問に向けた設営を部下たちに作業させた。[21]八月三一日に外務省員を率い、先遣隊として訪中するのも橋本である。[22]

外務省の政策過程で、課長クラスが中心的な役割を果たすことは珍しくない。それにしても、日中国交正常化における橋本と栗山は傑出していた。大平とすれば、橋本、栗山の課長コンビが心強かったに違いない。とりわけ橋本は、田中と直接に電話するほどの実力者だった。

日中国交正常化で最重要の外務省員を一人だけ挙げるとすれば、次官でも局長でもなく、明らかに橋本である。

**佐々木・周恩来会談**

田中の首相就任に際しては、台湾の蔣経国《しょうけいこく》行政院長から祝電が届けられていた。行政院長とは首相に相当する地位であり、蔣経国は蔣介石総統の長男でもある。

田中は七月一一日、蔣経国に返電した。「今次総理就任に際し、早速御懇篤なる祝電をいただき深く感謝いたします。ここに厚く謝意を申し述べるとともに、閣下の御健康を祈念いたします」[23]。

ところが大平は七月二五日に彭孟緝《ほうもうしゅう》駐日台湾大使と会見し、「重大なる決意を表明」した[24]。「重大なる決意」とは、日中国交正常化と日台断交にほかならない。大平は述べる。

国際情勢が大きく変化して来た。今や北京政府を承認する国が漸次増えて来たこと、国連においては、わが国は米国と協力して最後まで代表権を守って来たが遂に昨年あの様な姿で落着を見ることになった。更に国内の輿論《よろん》調査でも御承知の通り、わが国民の大多数がイデオロギーを超えて正常化すべしとの立場に傾斜して来た。〔中略〕そこで政府としては、内外情況を見て、政府の手で正常化に手をそめねばならぬ立場になった訳であるが、〔中略〕正常化の途が開かれることになると、その事の当然の結果として、大変残念ですが、貴国との外交関係はそのま《ママ》、の状態を続けることにはならぬと思う。〔中略〕併《しか》し外交関係がなくなっても日本は自由解放《ママ》体制をとっているので、経済、技術、文化その他の関係は従来通り継続して行ける様、努力するつもりである。

元参謀総長で陸軍大将の彭は、「日本が中華をいじめた歴史はあるが中華が日本をいじめた歴史はない」と反論した。それでも大平は、決意を曲げなかった。この会見は竹入義勝公明党委員長の訪中前であり、大平は田中の先を歩んでいたことになる。[25]

外交関係なき国家間では非公式の行為者が活躍するものであり、野党の社会党や公明党も中国の扉を開こうとした。社会党からは佐々木更三《こうぞう》元委員長が七月一二日に訪中し、一六日には周恩来との会談に臨んだ。[26]

周は、「田中首相が北京に来ることを歓迎いたします」と佐々木に言明した。田中に複雑な感情を抱く佐々木は、「田中角栄君は佐藤亜流であります」、「社会党もこの田中内閣を批判し、闘争し、やがて倒さなければならない政権であります」と周に語っている。

帰国後に佐々木は、「田中総理に、最初は賠償の点だけは、あまりはっきり言わなかった」。佐々木は、「六割ぐらいは田中総理に話をした」というのだが、不確実な情報で田中内閣が動けるわけもない。[27]

田中、大平とすれば、中国が賠償請求を放棄するという確約を得ておきたい。序章で触れたように、日華平和条約を締結した際に、台湾が賠償請求権を放棄していたからである。中国が日米安保体制を容認することも、日中国交正常化の前提条件であった。日本外交の根幹たる対米基軸が、中国との国交樹立によって揺らいではならない。

のちに駐米大使となる安川壮はこう記す。

日中国交正常化が日本の対米関係に及ぼす影響について、若干の不安を感じていた。具体的には、日米安保条約第六条の、いわゆる極東条項には台湾が含まれていたことに関するものであった。沖縄返還に関する佐藤・ニクソン会談の共同声明には、台湾の安全は日本の安全保障にとって重要であるという趣旨が盛り込まれていた。[28]

佐藤・ニクソン共同声明に示されるように、日米安保体制は台湾を対象に含んでいた。中国がそれに抵抗するようであれば、日中国交正常化は難航するだろう。

## 竹入・周恩来会談

田中と大平の不安を緩和したのが、竹入義勝公明党委員長の訪中である。公明党は以前から日中国交正常化に積極的で、竹入は前年にも北京で周恩来と会談していた[29]。竹入は一九七二年七月二五日から、二度目の訪中に向かった。

竹入が訪中直前に目白御殿を訪れたとき、田中はまだ慎重だった。

「竹入君よ、おれは日中の問題を考える余裕もなければ、今やる気もない。日中に手をつければ、台湾派も強くて、クビが飛ぶだろう。田中内閣はまだできたばっかりだ。無理だよ」

田中は首相就任時から態度を後退させていた。もともと田中は、日中国交正常化を天下取りの一環に位置づけており、いざ首相になると二の足を踏んだのである。有り体にいえば、田中はぶれていた。

竹入が、「それなら、竹入は親しい友人だと、一筆書いてほしい」と頼んでも、田中は「それもできない」と素っ気ない[30]。

竹入は訪中し、七月二七日から三日続けて周恩来と北京で会談した。意外にも周は、「日米安保条約にはふれません」、「一九六九年の佐藤・ニクソン共同声明にもふれません」と竹入に切り出した。日本側から求められなくとも、日米安保体制を容認したのである。

そのうえで周は、「日蔣条約の問題」、つまり日華平和条約を俎上《そじょう》に載せて問うた。

「田中首相は就任してから、度々《たびたび》中国の政府が主張している、復交三原則を理解していると云っていますが、これは尊重するという意味でしょうか」

五頁で論じたように中国の復交三原則とは、中華人民共和国が中国唯一の政府であること、台湾は中国領の不可分な一部であること、日華平和条約は不法であり破棄されるべきこと、である。

竹入が、「日台条約は本来、不法・不当という立場をとれば、日本国内に混乱をおこします」と日本の立場を伝えると、周は、「毛〔沢東〕主席に報告し、党内で討議します」と留保した。

さらに周は、「毛主席は賠償請求権を放棄するといっています。賠償を求めれば、日本人民に負担がかかります」と日本に歩み寄った。

竹入によると、「五百億ドル程度払わなければいけないかと思っていたので、全く予想もしない回答に体が震えた」。「周首相の言葉がジーンときた。日本の心を読んでいた。日本側に仮に払う気持ちがあっても、中国側が賠償問題を言い出せば、自民党側がまとまらなくなることも見抜いていた」。

翌二八日に周は、こうも述べている。

尖閣列島の問題にもふれる必要はありません。竹入先生も関心が無かったでしょう。私も無かったが、石油の問題で歴史学者が問題にし、日本でも井上清さんが熱心です。この問題は重く見る必要はありません。

周が指摘した井上清は京都大学教授であり、尖閣の領有権について中国に有利な論考を発表していた。

周は二九日、共同声明案を竹入に提示しながら、北方領土問題を論じた。「日本は、台湾、澎湖《ほうこ》島を放棄しました。私たちは、日本の北方の四つの島を日本が回復することを支持します」

共同声明案として、周は八項目を並べた。「戦争状態は、この声明が公表される日に終了する」、「日本政府は、中華人民共和国政府が提出した中日国交回復の三原則を十分に理解し、中華人民共和国政府が、中国を代表する唯一の合法政府であることを承認する」、「覇権をうちたてようとすることに反対する」、「中華人民共和国政府は、日本国に対する戦争賠償の請求権を放棄する」などである。

このうち「覇権をうちたてようとすることに反対する」という反覇権条項案は、明らかにソ連を想定していた。

最大の懸案は台湾だった。周が、「台湾は、中華人民共和国の領土であって、台湾を解放することは、中国の内政問題である」と提案し、これを「黙約事項」にしたいと申し入れた。

台湾解放は内政問題との密約を打診したのである。

日米安保体制を容認し、賠償請求を放棄した周は、尖閣諸島にも触れないとしたが、台湾だけは譲れなかった。周の講和案は、毛沢東との上意下達による決定であろう。野党の委員長にすぎない竹入に案を提示するほどに、中国は積極的であり急いでいた。[31]

## 「おまえは日本人だな」

竹入は、中国の共同声明案八項目や「黙約事項」を筆写して帰国し、八月四日には首相官邸で田中に報告した。

そこへ大平が駆け付け、箇条書きのメモを手にすると、みるみる顔を綻《ほころ》ばせた。「竹入さん、これ頂戴します」と背広の内ポケットに押し込み、大平は外務省に持ち帰った。[32] 大平は外相秘書官の森田一に、「これは極秘事項として大臣限りの取扱いとする」と伝えた。[33]

竹入メモを分析した大平は、周恩来のメッセージを的確につかんだ。森田によると、「これまで検討を重ねてきたとはいえ、大平はまだ中国の態度に確信を持っていたわけではありませんでしたので、いわゆる竹入メモは貴重なものでした」という。

特に重要なのは、賠償請求の放棄だった。森田は、「もし賠償を請求されたら日中国交正常化自体あきらめなければいけないというくらい、大きな問題であると思っていましたから。確認の意味で、竹入メモの中では一番大事な話題でしたね」と述べる。

五月に訪中した親中派筆頭格の古井喜実から聞いていたことが多いとはいえ、大平は竹入メモに勇気づけられた。残るは首相の決断と日中共同声明案の作成である。そこで大平は、「とにかくやりましょうや」と田中を促した。世に「決断の田中」といわれるものの、田中の背中を押したのは、地味だが頼れる大平にほかならない。[34] ぶれの少ない大平が、竹入訪中前には揺れていた田中の心を北京に向けた。

田中は翌八月五日、竹入をホテルニューオータニに呼び出した。竹入が詳細な会談録を手渡すと、田中は一読して告げた。

「読ませてもらった。この記録のやりとりは間違いないな」

「一字一句間違いない。中国側と厳密に照合してある」

「間違いないな。おまえは日本人だな」

「何を言うか。正真正銘の日本人だぞ」

「わかった。中国に行く」[35]

田中が訪中の断を下し、大平は日中共同声明案を練

**田中・竹入会談**　竹入と周恩来の詳細な会談録がこのとき田中に手渡され，田中は訪中を決断した．1972年８月５日

り始めたのである。

首相秘書官の木内によると、田中は、「政治的責任は俺が全部かぶるから、大平君、それから事務当局はしっかり交渉しろ」と大平らに命じた。田中は不退転の決意を固めたのである。[36]

田中が決断した背景には、大平の行動があった。大平はすでに八月二日、次官、局長らの外務省幹部と中国問題対策協議会を開いていた。国交正常化は全省的な取り組みに格上げされ、日米、日ソ、日台関係を含めて情勢判断に努めることとなった。中国問題対策協議会は、八月四日、九日、一二日、一六日にも開催される。[37]

なお、台湾側は八月中旬、小谷秀二郎京都産業大学教授を通じて竹入メモの要旨を入手した。[38] 台湾政府は大いに慌てたに違いない。

## 中国の賠償請求放棄

それにしても中国は、いつから賠償請求の放棄を決めていたのか。時代を遡《さかのぼ》って考えたい。

一九五五年八月一六日の声明で中国外交部は、日本が「一千万以上の中国人民を殺戮《さつりく》し、中国の公私の財産に数百億米ドルにのぼる損害を与え」たとして、賠償請求権を主張していた。[39]

ところが、高碕達之助《たかさきたつのすけ》衆議院議員や岡崎嘉平太《かへいた》全日空社長らが一九六二年一〇、一一月に訪中したとき、中国側は賠償請求放棄の意向を示している。
貿易協定を締結しようとする高碕らに対して、趙安博《ちょうあんはく》中国共産党中央外事工作部秘書長が一一月八日に述べた。

中国はたしかに請求権はありますが、中国としてはたとえ、日本と国交を回復する時になつても、そのような請求権の問題を強く表面に出す考えはもつておりません。何故かと言えば、それは第一次大戦後のドイツの例によつても明らかなごとく、もしそのような請求権問題を強く表面に出せばそれは日本国内にファシストを誘起さすことになります。[40]

このとき中国側には、孫平化《そんへいか》、肖向前《しょうこうぜん》、王暁雲《おうぎょううん》という「知日実務家の三羽烏」[41]が同席していた。九日には、高碕と廖承志《りょうしょうし》が日中貿易覚書を交換し、両者の頭文字からLT貿易と呼ばれた。[42]

趙安博は戦前の旧制第一高等学校に留学しており、一九六四年一月の訪日では社会党左派の佐々木更三らとも接触する。[43]一九六五年五月三一日に自民党議員の宇都宮徳馬《とくま》が訪中したときも、外事工作部長となった趙が、「戦争賠償はその戦争に責任のない世代にも支払わせることになるので不合理である」と賠償請求の放棄を示唆していた。[44]

賠償請求を放棄するという趙の意向は、宇都宮を介して、中国課長となる橋本にも伝わった。橋本がこう語る。

趙安博の賠償放棄やなんかの宇都宮さんに話された……宇都宮さん、僕は非常に個人的に親しい人で、全部聞いていますしね。いろんな人を通じて、中国の考え方は、私は私なりにほとんど知っていると思っていたのです。

それでも橋本は、竹入メモが確認のうえで「非常に重要な役割を果たした」と振り返る。[45]

## 考慮されなかった対中賠償

日本は賠償を支払わないことになるのだが、そのことはどう評されるべきか。なにしろ中国は、最大の被害国である。

優れた国際政治学者の高坂正堯《こうさかまさたか》は一九六四年の段階で、「形式的には賠償と名づけなくても、日本は中国に対して、他のどの国よりも多額の賠償を支払うべきではないだろうか。それは、具体的な形での戦争責任なのである」と良心的に論じていた。[46]

中国に対しては、最大級の賠償を支払うべきだったと私も思う。ただしそれは、心情的にはそう感じるということであり、実際の外交となれば話は別だろう。橋本はこう述べる。

賠償というのは日本のほうから諸外国にね、「日本は戦に負けました、これだけの賠償をやりましょう」と言って回るような性格のものではまったくない。賠償というものは、あくまでも勝者が敗者に対してこれだけのものを出せということで、賠償交渉が始まるわけですよ。[47]

戦勝国たる中国が要求を突きつけることによって、敗戦国日本は初めて賠償を検討できる。中国に戦争を仕掛けたのが日本であっても、敗戦国となった日本の側から提起すべきものではない。

賠償について日本は、日華平和条約で解決済みという立場であり、日華平和条約を合法かつ有効と見なしていたのは無論である。日本外務省が対中賠償を考慮した形跡はない。竹入メモによって中国が賠償を放棄すると判明しており、万一、中国が賠償を求めれば交渉は決裂しただろう。

ありえない仮定だが、賠償請求放棄という中国側方針を知りつつも、あえて日本が賠償を提議したらどうなったか。一見すると誠実な対応にみえるが、その場合に中国は混乱しただろう。中国はすでに賠償請求を放棄すると伝えた以上、日本側の賠償案に戸惑ったに違いない。日本が差し出した賠償を受け取らなかったとなれば、毛沢東、周恩来といえども中国国民から怨嗟《えんさ》の的になりえる。

したがって、日本側から賠償を持ち出すことは、中国が最も重んじる面目を潰しかねない。日本とすれば、中国の賠償請求放棄をありがたく受け入れる以外になかったのである。

# 第4章　アメリカの影——ハワイでの田中・ニクソン会談

## 上海舞劇団の訪日

ここまでは主に田中角栄、大平正芳、外務省の側から、竹入メモまでを跡づけてきた。この間に中国が手をこまぬいていたわけではない。

田中内閣成立から三日後の一九七二年七月一〇日には、二〇〇余名の上海舞劇団が香港経由で羽田空港に舞い降りていた。舞劇とはバレエのことだが、上海舞劇団は単なるバレエ団ではなく、周恩来の密旨《みっし》を帯びていた。知日実務家の孫平化団長が田中と会見し、訪中の確約を引き出すというものである。

孫が日本に向かうとき、周はこう指示していた。

「この訪日の機会を利用して直接、田中首相と会うこと。そしてその場で中国政府が『田中首相の訪問を歓迎する』と伝えよ。さらに田中首相の前向きな反応を確認せよ」[1]

中日友好協会副秘書長の孫は日本語を巧みに操ったものの、バレエには「まったく無知な門外漢であった」[2]。

訪日した孫の秘書兼通訳が、のちに外交部長や国務委員を歴任する唐家璇《とうかせん》である。唐によると周は、「ニクソン米大統領訪中（七二年二月）後、中日関係には必ず大きな変化が起きる。上海バレエ団の訪日は政治的意味合いを持つ訪問になろう」と認識していた[3]。

バレエ団は八月一六日まで日本に長期滞在することとなり、宿泊先のホテルニューオータニで孫と唐は田中と接触する機会を窺《うかが》った。帰国前日の八月一五日、奇しくも終戦記念日に田中・孫会談が実現する。

**訪中の正式表明**

田中と孫平化の会見を導いたのが大平である。上海舞劇団が来日した翌日の七月一一日、大平は橋本恕中国課長をホテルニューオータニに遣わしていた。橋本は唐家璇の部屋で持ち掛けた。

「日本の首相と会いたいということは了解した。しかしその前にまず〔孫平化〕団長が大平〔正芳〕外相に会ってほしい。その後、適切な時期に田中首相との会見を手配したい」孫や唐に異論があろうはずもない[4]。

七月二〇日には、日中国交回復促進議員連盟会長の藤山愛一郎がホテルニュージャパンで孫と肖向前の歓迎会を開催した。孫と並ぶ知日派の肖は、中日備忘録貿易弁事処駐東京連絡処首席代表として東京に着任したばかりであった。盛大な歓迎会には大平が現れ、二階堂進官房長官、三木武夫国務相、中曽根康弘通産相も姿を見せた。

孫が「いろいろお話をしたい」と会見を申し入れると、大平は「よろしい」と快諾した。大平は小坂善太郎元外相を介して、面談の段取りを具体化させた。[5]

ホテルニュージャパンの歓迎会に大平が出席したのは、もちろん偶然ではない。大平は七月一八日に藤山邸を訪れて懇談し、「藤山氏主催の日中関係パーティに出席することを約束」していた。[6]

大平は七月二二日の午後三時半、ホテルニューオータニで孫や肖に伝えた。

「私と田中首相とは一心同体の盟友であり、首相は外交事務を責任をもって処理する全権を私に委託している。現在、日本政府首脳が訪中し、国交正常化を解決する機は完全に熟している」

孫と肖が大平発言を歓迎したのは無論である。[7]

その日の大平は、午前八時半から一〇時まで、三日後に訪中予定の竹入義勝公明党委員長と念入りに会談していた。[8] 竹入メモを見るまで慎重だった田中に対して、大平は一歩先を進んでいたことになる。

すでに記者会見で大平は、「これが日本の外相として初めて試みる対中国接触」と立場を鮮明にしていた。[9] 大平は孫や肖と協議を重ね、田中が「孫氏たちと会いたい、そして訪中したい」という意向だと伝えた。大平は、田中訪中の下準備を整えつつあった。

いよいよ八月一五日、田中は二階堂を従え、帝国ホテルの最上階で孫や肖と会談した。[10] 田中は目を輝かせ、「周恩来首相との会談が実り多いものであるよう希望している」と踏み込んだ。日本初となる首相訪中を正式に表明したのである。ワンフロアを借り切った会談は、終始なごやかな雰囲気で行われた。[11]

台湾の彭孟緝駐日大使は大平に猛然と抗議したが、大平は動じなかった。[12]

## 日中共同声明案の起筆

竹入メモで中国の意向を把握し、孫平化らと会談した田中や大平は、日中共同声明案の作成を急務とした。竹入メモによると、周恩来は「黙約事項」と称して台湾を内政問題と認めさせようとしており、対案を検討せねばならない。

大平から竹入メモを見せられた外務官僚は、共同声明案に知恵を絞っていた。橋本によると、ここでも大平は橋本を頼りにした。

戦争状態の終結の問題だとかね、賠償の問題だとか、本来、平和条約に入るべき項目について、とにかく私がメモを作りましてね、こういう内容でひとつ共同声明の日本側案文を作ってくれと高島条約局長と栗山条約課長に頼んだわけです。幸いに私は、この二人と個人的に非常に親交があり、かつお互いに信じ合える仲ですから、「これ、ぜひとも極秘で進めてくれ」と言って、〔高島と栗山は〕「わかった」と。ほかに誰も入っていないですよ。[13]

橋本は共同声明案の骨子をメモに書き出すと、高島条約局長と栗山条約課長に案文の作成を依頼した。外務省内で日中共同声明案に携わったのは、橋本、高島、栗山に限られる。

大平は、台湾問題を「黙約事項」にするという中国案についても橋本に問うた。橋本は「黙約事項」案に否定的だった。

「現今のわが国においては秘密というものは守られたためしがない。ひとつでも秘密が洩れて明るみに出されてしまうと、ほかに幾つも秘密とりきめがあるに違いないと痛くもない肚《はら》をさぐられる」

大平もこれに同意し、秘密協定を結ばない方針であると田中に報告した。

さらに橋本によると、のちの首脳会談で周は、「日本政府におかれて、共同声明の中に黙約事項にした方が都合がよい部分があれば、中国側は何時でも応じます」と述べた。田中は、「折角《せっかく》の御配慮ですが、その必要はありません」と受け流したという。[14]

大平や橋本は中国の「黙約事項」案を退け、独自に日中共同声明案を作成することにした。実際に声明案を起筆したのは栗山である。栗山は声明案のみならず、中国への説明文も書き上げた。

私はそのときに夏休みをとりましてね、自画自賛するようなエピソードじゃないですけども、友人の別荘を借りて一週間東京を離れて、それで全く雑音のないところで、共同声明の案を中国側にどう説明するかという大平外相の発言メモを全部一言一句書いたのです。それを休暇の間に書いて、戻ってから橋本さんに見せて、「これでやってほしい」と言ったのです。[15]

**排除されたチャイナ・スクール**

ここで一つの疑問が浮かんでくる。栗山が日中共同声明案を作成したとき、チャイナ・スクールは関与しなかったのか。

五六頁で述べたように、吉田健三アジア局長はチャイナ・スクールだが、部下の橋本によって政策決定から外されていた。栗山も、「アジア局のなかを仕切っていたのは橋本課長なのです」、「下克上かもしれない」と認める。[16]

ほかのチャイナ・スクールについてはどうか。栗山がこう明かす。

「北京派」につきまして、外務省の先輩ですけれど、私が多少なりとも存じ上げていた方は、小川平四郎さん、岡田晃さんなどです。率直に言って私は、こういう方々と一緒に仕事をした経験はないのです。〔中略〕

意見を聞かなかったという理由は非常にはっきりしておりまして、こういう方々と私らの意見が基本的に違うことは、初めから分かっていたからです。〔中略〕それらの方々の意見をそのまま受け入れれば、論理的には、日中国交正常化をサンフランシスコ体制に優先させるべきだということになってしまうのです。それは日本の外交としては成り立たない話だということでして、そのような協議をしても意味がないという意識を非常に私どもは強く持っていました。

つまり、チャイナ・スクールの小川外務省研修所長や岡田香港総領事は排除されていた。[17]日中国交正常化をサンフランシスコ体制の枠内で処理するためである。

栗山はアメリカ・スクールであり、のちに条約局長や北米局長、外務次官、駐米大使を歴任して外務省の頂点を極める。その栗山が日中共同声明を起案したことは、日本外交の対米基軸を象徴していた。栗山は、「もともと安保体制に手を触れる、具体的には『極東』の範囲から台湾を除外する形での日中正常化はあり得なかったのです」と述べる。[18]

日本は対米基軸という根本方針を変えなかったし、変えてはならないと判断された。派手さには欠けるが、日本的戦略といってよい。日中関係には、アメリカの影がつきまとうのである。

北京派の岡田は、香港総領事から在ブルガリア大使に転出する間に帰朝した。岡田は大平と接触したものの、台湾独立運動への不支持を明確にすべきなどと提言するにとどまった。岡田が大平を動かした形跡はない。[19]

## 台湾の法的地位

以上を要するに、田中、大平の意向を受けた橋本が日中共同声明案の骨格を固め、橋本の依頼によって栗山が日中共同声明案を起筆した。橋本がいわば政治面を担当し、栗山は法律面に配慮しながら条文化を進めた。[20]インタビューの印象では、橋本が行動力に富み、国士風ともいうべき実力者とするなら、栗山は国際法に通じた穏健なリアリストである。

ならば栗山は、日中共同声明案をいかに記したのか。栗山が語る。

中国側が国交正常化の三原則を掲げているわけですから、それにどう対応するのかに尽きるわけです。そうすると第一原則は、条約局としては何も異議を唱える理由はない。

〔中略〕

残る問題は、第二原則と第三原則をどう処理するかということになってきます。[21]

第二、第三原則は、台湾の法的地位と日華平和条約にかかわる。台湾の法的地位で重要な位置を占めたのは、先のニクソン訪中時に米中間で発表された上海コミュニケだった。上海コミュニケには、台湾が中国の一部であるという中国側の主張をアメリカは「アクノレッジ(acknowledges)」すると盛り込まれていた。

そこで栗山は、「アクノレッジ」の意味をアメリカに確認したところ、「アクノレッジという以上でも以下でもない、"Nothing more, nothing less"という返事が帰《ママ》ってきた」。

栗山は、こう解釈した。

栗山尚一

台湾は中華人民共和国の領土の一部であるとの中国の立場をアメリカが承認したわけではないということだけは、はっきりしたわけです。そうすると、アメリカが承認していないものを日本が承認するわけにはいかないということで、承認までいかないところで、中国と妥協できるところを探りましょうというのが、台湾の法的地位についての基本的な知恵の出しどころだったわけです。

アメリカが台湾を中国領と見なしていない以上、日本が先んじて承認すべきでないと栗山は判断したのである。[22] 現在にいたるまで、中国が台湾を実効支配していないのは明らかだろう。

すでに述べたように周恩来は、台湾が中国の内政問題であることを「黙約事項」にしようと竹入に打診したものの、大平と橋本はこれを許さなかった。「黙約事項」とは密約にほかならない。高島や栗山も、「それは駄目です、共同声明以外に文書は一切作りません」と意思統一していた。

栗山は密約を拒否した理由について述べる。

そういうものをやっても漏れる可能性が常にあるわけです。特に日本みたいな国はすぐ漏れるのですよ。なぜ漏れるかというと、マスコミよりも政治家の人が話したくなるのです。[23]

日本は台湾に関する中国案を受け入れず、対案を模索した。橋本が構想を練り、栗山がペンを執った共同声明案には、こう記された。

> 中華人民共和国政府は、台湾が中華人民共和国の領土の不可分の一部であることを再確認する。日本国政府は、この中華人民共和国政府の立場を十分理解し、かつ、これを尊重する。

この「十分理解し、かつ、これを尊重する」という橋本・栗山案は、北京での日中交渉でも争点になる。

栗山が北京での会談用に作成した対中説明要領によると、台湾は「中国の国内問題として解決されるべきもの」だが、同時に、「米中間の軍事的対決は避けられなくてはならないというのがすべての日本国民の念願である以上、台湾問題はあくまでも平和裡に解決されなくてはならないというのが日本政府の基本的見解である」。

さらに対中説明要領では、日華平和条約を不法とする中国の第三原則についても記された。

> 日中国交正常化が達成されれば、日華平和条約は実質的にその存続意義を完全に失うこととなるので、日本政府としては、今後の日中関係が全く新しい基礎の上に出発することを明確にする意味で、なんらかの適当な方法により同条約の終了を公け《ママ》に確認する用意がある。[24]

日台断交については、共同声明とは別の形で「用意」するというのである。その「用意」が蔣介石宛て田中親電と大平談話であったことについては、第9章で詳しく論じたい。

### ハワイ会談──田中訪中への理解

栗山が「アクノレッジ」の意味をアメリカに確認したように、現代日本外交の重要局面でアメリカの存在は無視しえない。田中と大平は政権発足後、初の外遊先にハワイを選んだ。

田中と大平を乗せた日本航空特別機がホノルルのヒッカム米空軍基地に着いたのは、一九七二年八月三〇日の午後八時二〇分であった。いつもの早足でタラップを降りた田中は、出迎えたニクソン大統領夫妻と握手を交わした。

キッシンジャー大統領補佐官、ロジャーズ国務長官、ジョンソン国務次官、牛場信彦駐米大使らが見守るなか、田中とニクソンは礼砲を耳にしながら式壇に立ち、両国国歌の吹奏に迎えられた。

機中では「感慨などとくにないさ」、「必要があればどこにでも身軽に出かけてゆく。今度はその一回目ということだよ」と事もなげに語っていた田中だが、空港に設けられた壇上ではすっかり総理の顔になっている。[25] 田中は、「今回の会談が日米両国間の間断なき対話の新しい時代を画することを切望する」とステートメントを済ませ、空港を後にした。[26]

ニクソン、キッシンジャー、ロジャーズとの会談は、八月三一日と九月一日にクイリマ・

ホテルで行われた。ここで田中と大平は、中国問題や日米貿易摩擦について協議している。

九月一日に発せられた共同発表第三項によると、「総理大臣と大統領は、最近の大統領の中華人民共和国及びソ連邦訪問は意義深い一歩であったことを認めた。この関連で、両者は、総理大臣の来たるべき中華人民共和国訪問も、アジアにおける緊張緩和への傾向の促進に資することとなることをともに希望した」[27]。

**ハワイで行われた日米首脳会談**　田中は訪中の理解を求めた．左から大平，田中，ニクソン大統領，ロジャーズ国務長官．1972年9月1日

すでに訪中していたニクソンが、田中と大平の訪中に理解を示したというのである。戦略家として知られるニクソンやキッシンジャーを前に、田中と大平は中国をどう論じたのか。

まずは八月三一日の会談である。二月にニクソンが訪中したとはいえ、アメリカは中国を正式承認しておらず、台湾との外交関係を維持していた。

ニクソンは、「貴総理は近く北京を訪問されるが、日中関係の将来をいかに評価しておられるか」と問うた。

これに田中が、「結論からさきに申上げると、まず日中国交回復により日米関係が不利益を蒙《こうむ》ってはならない。日中国交の恢復《かいふく》は最終的には米国の利益につながりうると考える。〔中略〕問題は台湾である」と答えた。

ニクソンは、「台湾の経済的自立性の保全は米国としても重視するところであり、上海コミュニケでもおわかりのとおり米中が agree to disagree した問題である。米国は台湾の経済的自立のためできる限りのことをする方針である」と台湾重視の姿勢を示した。

田中は、「念のため申上げておきたいのは、日本は北京の敷いたレールにのって国交を回復するのではない、即ち先方の言いなりには決してならぬということである」と強調し、ニクソンの懸念を振り払おうとした。

大平も、「われわれの基本的方針として、日米友好関係、特にその象徴たる日米安保体制を何ら害することのないように配慮する」と述べた。

なにしろアメリカは、一年前のニクソン訪中宣言で日本の頭越しに中国と接近していた。アメリカとすれば、日米安保体制を堅持しながら日中国交正常化に向かうという田中や大平に異議は唱えられない。焦点は台湾をどう扱うかである。日中交渉に際して中国は、台湾を中国領と主張するだろう。その見解を日本がどこまで認めるのかは、翌日に持ち越された。[28]

## 「一つの中国」問題

九月一日、日米首脳会談は二日目を迎えた。議題は日中国交正常化の見通しと、台湾の将来である。田中が訴えた。

「日本としては台湾との経済的交流は続けて行きたいが、日台間の国交関係は消滅せざるをえないと考える。従って米国が日本の立場を理解して、日台間の友好関係ができる限り継続されるよう支援するよう願いたい」

ニクソンは難色を示した。

「蔣〔介石〕総統は誇り高くかつ自己の所信を守るため全力をつくして来た人物でかつ高齢であるから同総統を説得することは容易な業《わざ》でない」

これに田中が、「北京も台湾も中国の唯一正統の政府だと主張していることが問題の根源である。日本としては、非公式に台湾に対して、現状では日本としても二者択一は止むをえないところであることを指摘し」ていると論じた。

ニクソンは述べた。

「自分は蔣介石、周恩来と話合ったわけであるが、すべてについて異るこ《ママ》の両人が『中国は一つ』との点については、共通の考え方をもっている。問題はどちらの中国か、と言うことである」

つまりニクソンは、「二つの中国」問題を提起した。中国と国交のないアメリカを追い越して、いまや日本が日中国交正常化と日台断交に踏み込もうとしている。

立場を明確にしたのは大平であった。

訪中の際は日中間の外交関係樹立を基本問題としてとり上げることとなろう。もし合意が成立すれば直ちに外交関係を樹立することとなると思う。その場合日本は平和条約を結ぶ条件は持っていない。台湾の領有を日本が独自に認定することはない。

大平は、田中訪中を見通した。

外交関係設立後、平和条約乃至《ないし》友好条約、航空、通商、漁業などの実務協定を時間をかけて逐次締結して行くこととなろう。現在のところは、北京側がこのような日本の方針に決定的同意《ママ》しにくいとの反応は示していない。田中訪中で外交関係設定ができるのではないかと予想している。

田中訪中で外交関係を設定したうえで、航空や通商、漁業などの実務協定を締結していくと大平は伝えたのである。

一般に国交正常化では実務協定を並行して交渉するものだが、日中講和では一気に国交を樹立させ、そのうえで実務協定を交渉したいと大平は告げた。普段は寡黙な大平だが、ここぞというときの発言は的を射ている。

さらに大平は、「台湾との外交関係はシフトするが、その他は現状維持のため最大の努力を払う。人の往来、貿易、投資、関税、特恵の適用、コンタクト・ポイントの設置等の問題が生じるが、日本としてはできる限りの努力を払うつもりであるが、台湾の反応は必ずしもよくない」と語り、こう締めくくった。

日本は台湾の帰属につき権利を放棄している。従って台湾の将来はサンフランシスコ平和条約を結んだ連合国の手中にあるが、連合国は何らの決定を行っていない。かかる状況の下において、日本は、台湾を中共の領土と認める立場にはない。しかし、北京の「台湾は中国の不可分の一部」との主張に対しては、これを理解し尊重することはできるが、これ以上には出られない。即ちオランダと同様の方式であり、連合国や英(acknowledge)、加(take note)、米(not challenge)などの諸国の表現と比較した場合最も進んだ表現をとるが、これが限界ということである。垣根はこえてはならぬ。

大平は、「台湾は中国の不可分の一部」という中国の主張を「理解し尊重する」が、「台湾を中共の領土と認める立場にはない」と述べたのである。「理解し尊重する」とは先に論じた橋本・栗山案であり、日中共同声明の日本案に盛り込まれる表現でもあった。

とつとつと口を動かす大平は、二日間の会談が終盤になるにつれ存在感を増した。まくしたてる勢いは田中にあるが、大平は言葉を丹念に選び、論理的にニクソンたちを納得させていた。[29] ハワイ会談が無事に終わると、現地の報道は日米首脳会談を成功と評した。[30]
会談そのものは成功だったにせよ、田中にとってのハワイ訪問は、まだ見ぬ悪夢の序幕でもあった。のちに発覚するロッキード事件において、ハワイで接触が行われていたのである。大平は田中に、「外国の金をもらうな」と口酸っぱく忠告していたものの、「角さんはどこ吹く風だった」という。[31]
そのことがやがて田中の政治生命を絶つことになろうとは、いまは知るよしもあるまい。田中はもとより、大平としても痛恨の極みであった。

# 第5章　台湾——椎名・蔣経国会談という「勧進帳」

## 蔣介石恩義論

田中と大平は、断交後も台湾と民間交流を続けたいと考え、ニクソン大統領に協力を依頼した。ハワイ会談で示唆されたように、激しく反発する台湾の扱いは難問であった。[1]

大平は口癖のように、「日中関係というけれど、実際は日台関係だよ」と外務省員に語っていた。「日中関係正常化にあたって本当に難しいのは、それまで友好裡に発展していた日台関係の処理の方である」[2]という意味だ。

蔣介石の恩義を忘れるなという声は自民党右派に根強く、その代表格が賀屋《かや》興宣《おきのり》であった。[3]

かつて近衛文麿内閣と東条英機内閣で蔵相を務めた賀屋は、東京裁判ではA級戦犯として終身刑になっていた。仮釈放され、衆議院議員に転じた賀屋は、自民党政調会長や池田内閣法相を歴任した。

田中内閣成立時に八三歳となっていた賀屋は、蔣介石の恩義をこう振り返る。

台湾というものは、昔はとにかく、この終戦以後は口に言われぬ大きな恩義がある。日本が分割占領されとった場合には、どんなに困るかという。これを防ぐ有力なことは蔣介石が日本の一部をチャイナが占領することを放棄した。それはソ連が一部入らんためにやった。それから賠償、一番大きな潜在権利を持ってるあれを放棄した。それから日本の天皇制を維持した。〔中略〕それから日本では普通気がつかないが、二百何十万の在支軍人を帰したということはね、大変なことですよ。[4]

蔣介石は、賠償請求を放棄してくれた。敗戦国日本が分割占領を免れて天皇制を残せたのも、大陸の敗残兵が引き揚げられたのも、蔣のお陰にほかならない。蔣の台湾を切り捨てるとは何事かというのである。賀屋の意見は、灘尾《なだお》弘吉《ひろきち》や藤尾正行らにも共有されていた。[5]

台湾との関係に心を砕く賀屋らは、日中国交正常化を自制すべきと唱える慎重派になった。その慎重派も一枚岩ではなく、田中秘書の早坂茂三によると、慎重派は「賀屋興宣に代表される戦前派と、中川一郎に代表される戦後派に分れていた」。[6]

中川一郎、渡辺美智雄、石原慎太郎、玉置《たまき》和郎《かずお》など「大変勇ましい方々」は、日中国交正常化に絶対反対の論陣を張り、のちに血判を押して青嵐会《せいらんかい》を結成する。[7] 特に玉置は、佐藤内閣期から何度も台湾を訪れていた。[8] 日台断交後に灘尾は玉置らと日華関係議員懇談会を結成し、自ら訪台して台湾との実務的交流を維持しようとする。[9]

**日中国交正常化協議会**

田中は一九七二年七月二四日、総裁直属機関として日中国交正常化協議会を設けた。台湾寄りの議員が少なくない自民党内を調整するためである。その会長に田中は、小坂善太郎を指名した。

かつて吉田茂元総理とともに訪台した経験のある小坂は、池田内閣で外相を務めており、佐藤内閣期には文化大革命の中国を訪れて周恩来国務院総理や陳毅外交部長と会談していた。[10] 田中は経験豊富な小坂を登用したのである。

田中の判断には、大平の意見が影響しただろう。田中によると、「大平君とわたしの間は、何も言わなくてもツーカーである。それだけに彼は苦労した。台湾処理の問題は大平外交の知恵である」。

あるとき田中が大平と打ち合わせしていると、大平は長嘆息した。

「台湾がなあ……」と大平は腕を組んだ。

「それは外務大臣が考えることだ。おれの考えることじゃない」と田中はにべもない。

「じゃ、自民党内はどうするんだ」

「自民党内は、小坂（善太郎）君にでも頼んでやるさ」

「ふーむ」

「まだ、なにかあるのか」

「もう一度聞くが、台湾問題はきみが考えるんだよ。わしは知らん」

「だから、台湾問題はどうする」

田中は、「大平君がいなくては、やはり、日中国交正常化はおぼつかなかったはずである」と率直に語る。[11]

田中の方針は、日中国交正常化協議会の会長に小坂を据え、党内の議論を集約することにある。小坂を官邸に呼び出し、田中が口説いた。

「何としても日中国交正常化をやり遂げたい。それには君に出馬して貰う以外にない。いろいろな党の機関があるが、是非、総裁直属の機関をつくるから、その会長になってくれ」[12]

小坂を会長とする日中国交正常化協議会は、衆議院二一二人、参議院九九人、元議員五人の計三一六人という大所帯に膨れ上がった。そこには促進派と慎重派が入り交じっている。

七月二四日、協議会は初総会を開く。そこで田中は、「日中関係正常化の機は熟している」と述べ、決意を表明した。

「これまでの野党や日中議連の努力は多とするが、自民党としては今後、この協議会が中心的な役割をはたす。本件成功のためには、自民党のコンセンサスとつよい支持が必要である」[13]

## タカ派議員の突き上げ

八月三日には、大平が日中国交正常化協議会に出席して[14]こう論じた。

「現在の台湾政府との外交関係をそのままにしていては日中国交正常化は困難である。国交正常化で日中間の合意が成立すれば、台湾との外交関係は維持し得なくなるだろう」

大平とすれば日台断交もやむなしと事実を説明したまでだが、慎重派は怒りを爆発させた。賀屋興宣、北沢直吉、渡辺美智雄、藤尾正行、中川一郎、中山正暉《まさあき》、浜田幸一らが、「台湾問題はきわめて重大な問題であり、軽々しく外交断絶など口にすべきではない」と大平を突き上げた。

大平は、「台湾問題の取り扱いなど基本問題は、協議会で十分に討議してほしい」と釈明するほかなかった。[15]

見かねた小坂会長が、「外務大臣は言動を慎重にするよう」申し入れると、大平は、「協議会の意向は充分傾聴する。協議会にはいつでも出席し充分説明する」と答えた。[16]

他方で賀屋は、「日中国交正常化と国民政府との断交は不可分のものか」という質問書を外務省に提出した。これには外務省が八月一五日、「いかなる国も、中華人民共和国と中華民国の双方と同時に外交関係をもつことは、両者の基本的考え方からしてあり得ない」と回答している。[17]

官房長官だった二階堂進は、大平らの苦境を思い返す。

小坂善太郎さんが会長になった党の日中〔国交〕正常化協議会に大平さんが十数回呼び出され、そのたびに六時間も七時間も油を絞られていた。〔中略〕田中さんも大平さんも、決死の思いだったよ。ボクのところにも、右翼らしいものから「お前の命はあと一週間だぞ」といった電話があったくらいだからな。[18]

その後も日中国交正常化協議会は、「タカ派議員の猛反撃により大荒れに荒れる」、「昨日に引き続き荒れに荒れる」という状況だった。[19]

ようやく協議会が九月八日の総会で日中国交正常化基本方針を策定すると、ただちに総務会で党議決定された。その前文は、「わが国と中華民国との深い関係にかんがみ、従来の関係が継続されるよう、十分配慮のうえ、交渉すべきである」と謳《うた》っている。

このうち「従来の関係が継続されるよう」が曲者《くせもの》だった。「従来の関係」は外交関係を含むと主張する慎重派と、外交関係は含まないと解する促進派が収束せず、玉虫色の文言に落ち着いたのである。[20]

協議会が一応の結論を出すと、自民党政治家は活発に訪中した。九月九日には親中派の古井喜実、田川誠一、松本俊一が、戦後初の直行便で北京空港に降り立った。「古井・田川の線で少し練ってもらいたい」という大平の希望によるもので、「田中さんは殆《ほと》ど〝大平さん任せ〟」だった。

直行便にはテレビ局の関係者が、田中訪中に向けた中継準備のために同乗していた。古井らは、周恩来、廖承志、張香山《ちょうこうざん》、王暁雲、孫平化たちと会談した。[21]

九月一四日にも小坂を団長とする自民党訪中団が二三人で出発し、周恩来らと国交正常化を協議した。[22]二〇日には、日中覚書貿易事務所代表の岡崎嘉平太も訪中する。[23]

## 椎名悦三郎の特使起用

訪中日程が迫るなかで、田中は台湾に特使を送ろうとしていた。特使に選ばれたのは、元外相の椎名悦三郎である。椎名は一九六五年に佐藤内閣外相として日韓国交正常化を成し遂げたほか、一九六九年には一議員として訪台し、蔣介石総統、厳家淦《げんかかん》副総統兼行政院長、蔣経国行政院副院長、張群《ちょうぐん》総統府秘書長らと会談した。[24]その手腕を田中は買っていた。

田中は一九七二年八月上旬、北海道で暑さを凌《しの》ぐ椎名に電話し、「副総裁に就任してほしい」、「台湾特使を引き受けてもらえないか」と伝えていた。椎名を自民党副総裁として、台湾に特派しようというのである。

椎名悦三郎

八月二二日に椎名が副総裁になると、田中は翌二三日に椎名を首相官邸に呼び出し、台湾特使を命じた。台湾に思い入れのある椎名は、困難な役目を引き受けた。[25]

大平が彭孟緝駐日台湾大使に椎名の受け入れを依頼すると、彭はその意図を訝《いぶか》って猛反発した。台湾は対日批判を強めていたのである。台湾が椎名訪台を承諾しなければ、日台関係に悪影響を及ぼすに違いない。

そこで大平は八月一九日、自民党本部職員の松本彧彦《あやひこ》を私邸に呼び出した。かつて大平は、松本から台湾との交流について説明を受けていた。まだ三二歳の松本だが、行政院長となっていた蔣経国に面識がある。[26]

大平が松本に切り出した。

「彭大使とも会って、日本側の考え方をいろいろ話をしてみたが、彼は大変高姿勢な態度で僕に抗議をする一方なんだ。このぶんでは、とても特使を受け入れてくれるような雰囲気ではないのだよ。誠にけしからん」

彭の態度がよほど気に障《さわ》ったのか、普段は物静かな大平が珍しく憤慨している。

台湾との橋渡しを求められた松本は、「私のような若造には、とてもそんな大役はつとまりません」と尻込みした。

それでも大平が、「日本のためだと思って引き受けてもらいたい」と押し切り、台湾に松本を送り込んだ。

台北に飛んだ松本は、「日華交流の歴史から考えてみて、キーマンは張群総統府秘書長以《ママ》外にはありえない」と判断していた。日本陸軍士官学校を卒業した張群は蔣介石と親しく、かつて外交部長も務めた知日派筆頭であり、秘書長を退いて総統府最高顧問の資政になっていた。

松本は九月一二日に張群と総統府で面会し、椎名特使の受け入れを要請した。すると張は、「お話の件については、十分考えてみましょう」と日本語で微笑んでくれた。早くも翌一三日には、台湾の沈昌煥《しんしょうかん》外交部長が椎名を迎え入れると宇山厚大使に伝えた。[27]

## 水野清と玉置和郎

椎名の受け入れがすぐに認められたのは、大平や松本とは別に、椎名派の水野清衆議院議員や自民党右派の玉置和郎参議院議員が台湾に働きかけたからである。水野は一九七二年九月一二日午前一〇時に張群と会見していた。[28]松本が張群と面会する直前だった。

それまで水野が台湾を訪れたことはなく、信条的にはむしろ中国寄りであった。水野は前年九月に川崎秀二らと訪中し、周恩来とも顔を合わせていた。椎名派という一点を除けば、水野が椎名訪台の露払いとして適任とは言い難い。

水野は椎名派だが、椎名が水野を台湾に差し向けたわけではない。むしろ台湾側が水野を誘い入れたのである。水野に声を掛けたのは、外交部の柯振華《かしんか》だった。

対日担当の柯は、台北、東京、大阪を往来しており、一九七二年九月一二日午後の松本・張群会談にも通訳として立ち合った。水野と旧知の柯は、水野が椎名派であることに目を付けた[29]。

そこで柯が水野に会い、「椎名さんに訪台を認めないのは、そのまた前触れが要るのです」と述べた。

水野は、「日本では中国派だとみられていた」のであり、「北京には行ったことがあるけれども、台北には行ったことがない」と二の足を踏んだ。

それでも柯が、「あなたは椎名派だし、それで結構です」と強く訪台を求めた。

水野は、「椎名派だったけれども、椎名さんとは親しくなかった」という。訪台前に水野は椎名と打ち合わせず、椎名の秘書に「行ってもいいか」と伝えた程度であった。

訪台した水野は九月一二日、張群を訪れ二人だけで会談した。水野が国際情勢を論じ、「田中、大平は北京に行くのです」と述べると、張は警告した。

「中国共産党に結局、騙《だま》されるよ。いまは中国共産党もソ連と仲悪くて、追い詰められて困っているけれども、調子がよくなったら、あなたたちを裏切るよ」

もともと水野は中国寄りであり、張と波長が合わないのは当然だろう。話は平行線をたどりかけた。それでも水野は、「椎名さんを受け入れてやってくれというお願いに来たのですから、どうかひとつ受け入れてやって下さい」と頼み込んだ。

張は熟考して見せると、水野の目前で受話器を取り、沈昌煥外交部長に椎名訪台の受け入れを指示した。水野はこう分析する。

「台湾というのは勿体《もったい》ぶっていて、椎名謝罪特使が行くけれども、その椎名さんを受け入れてくれと、あなたが頼みに来なさいということだったと思う」

台湾が欲していたのは、椎名派の衆議院議員が訪台して、椎名受け入れを懇願するという筋書きである。水野によると、それが台湾の描く「ストーリーだった」。椎名を迎え入れること自体は、その前から決まっていたというのが水野の感触だ。水野が張と会うのは、これが最初で最後となる。

会談を終え、水野が台北の松山空港に向かうと、柯が見送りに付き添ってくれた。そのとき柯は、予言めいたことを口にした。

「少し手荒なことをやりますよ、椎名さんにね。だけど体に触れるとか、そういうことではないですよ」

椎名訪台を「少し手荒なこと」で見舞うというのである。その真意について水野は、「まあ、作為だな。外交部がやらせたかどうか知らないけれど」と語る。帰国後も水野は、それほど詳しく椎名に報告しなかった。[30]

他方、椎名と近い関係にあった玉置は八月一〇日に訪台し、張群のみならず蒋経国行政院長、沈昌煥外交部長、張宝樹国民党中央委員会秘書長らと会談していた。台湾側が「平和条約の否定は、すなわち交戦状態の復活である」とまで反発したことに、玉置は衝撃を受けた。九月四日に再び訪台した玉置は、椎名の受け入れを求めた。報復措置の可能性を示唆する台湾側に対して、玉置は、「戦争状態の復活だけは何としても避けなければならない。ぜひ椎名特使を迎えてほしい」と説得し、かろうじて椎名受け入れの内諾を得たという。[31] 日中国交正常化に慎重論を唱えていた玉置は、台湾の怒りを静めて交流を維持しようと努めた。[32]

それにしても、台湾の態度は厳しかった。玉置は九月三〇日の自民党両院議員総会でこう論じている。

私は台湾で沈昌煥外相、張宝樹国民党秘書長と突っ込んだ話をしたが、その際先方は、報復措置は両国のうらみを残すと言ったが、検討している具体的方法について提示があった。〔中略〕椎名特使を台湾が受け入れるについては私も努力した。彼らの見通しはすべて当たっていたし、私が帰る時には、淡々として「切れた時は切れた時として交渉しよう」と言っていた。[33]

松本や水野が訪台する以前から、玉置は踏み込んで台湾と協議していたのである。やや誇張もあろうが、玉置は一九七三年四月九日の参議院予算委員会第二分科会で大平にこうも述べている。

私はこの〔一九七二年〕九月二十九日の前、椎名さんがちょうど入ってきたときです。あの当時向こうも、宣伝に使うのかどうかわかりませんが、二億二千万トンの日本の油の入ってくる積み出し国を全部調べて、そうして北京と国交を開いておる国から積み出してくるタンカーについてはこれはチェックしよう。自分たちと国交を開いておる国はマルをして、そしてそれは通そう、仕分けまでして持っておった。〔中略〕われわれはそういうことをやられたらこれはたいへんだと、特に陸、海、空軍が二十四時間の戦時態勢に入っておりましたよ。〔中略〕私たちはそういう姿を見てきて、これはやられるかもわからぬ、やられたらたいへんだというので、あらゆる努力を払ってきた。[34]

## 椎名への曖昧な指示

台湾が対日批判を強めるなか、椎名訪台は一九七二年九月一七日と決まった。そこで椎名は首相官邸を訪れたが、田中は確たる方針を伝えようとしない。

椎名が「行って何をする」と問うと、田中は、「外交のことは大平〔外相〕に任せてあるから、大平に聞いてくれ」と泣くような顔で頼んだ。[35]

まるで要領を得ない田中に対して椎名は、「そんなことを言ったって君、本音を言わなければおれが行ったってどうしようもないじゃないか」と内心では思っている。しかし椎名は、その言葉を胸にしまい込んだ。

外務省アジア局外務参事官だった中江要介によると、「〔椎名は〕言うだけヤボだとわかっているから知らん顔をしている。腹の中では田中首相はひどいやつだと思っておられたにちがいない[36]」。

次に椎名は大平を訪れ、「中共に対して、どの程度まで台湾問題で譲るのか。台湾をどう説得すればいいんだ」と質《ただ》した。

さすがの大平も歯切れが悪く、「分裂国家の一方を認めたら、もう一方は認めるわけにいかん。それが近代外交の大きな原則になっているんで……」と口籠《くちご》もった。

椎名は「もういいよ」と言い残し、大平と別れた。

田中と大平が言葉を濁したのはなぜか。日中国交正常化の暁には日台断交という方針を明言すれば、台湾寄りの椎名は特使を返上しかねない。そうなれば、ほかの特使を任じても、台湾は受け入れを拒むだろう。椎名を送り込むことが先決と判断し、田中や大平は奥歯に衣着せたのである。[37]

もともと椎名は、台湾への「謝罪使」などと書き立てられ、「おれは謝りになんて行きたくない」と不平を漏らしていた。田中と大平への反発を胸に秘め、椎名は政府ではなく、自民党日中国交正常化協議会の方針を伝えようと心に決めた。台湾に関して協議会の方針は、外交関係を含めて継続とも読めるものであり、田中内閣の政策と矛盾しかねない。[38]

**随行議員団**

例によって、細かい作業は大平に託された。とはいえ、大平にとっても台湾は鬼門であり、自民党との調整に手を焼いていた。老練な椎名は、簡単に話を聞き入れるような政治家ではない。

そこで大平は、中江アジア局外務参事官を椎名訪台に随行させる。吉田健三アジア局長も、「君には台湾の方を頼む」と中江に伝えていた。[39]

しばしば大平は、中江を新橋料亭の栄家に呼び出して協議を重ねた。[40] その中江は、台湾の中央通訊《つうじん》社東京支局長から独自に情報を得ていた。中江が入手した情報は、台湾派自民党議員のものと異なっていたという。

もし日中が国交正常化したら、日本人の財産が差し押さえられる、飛行機は飛ばなくなる、日本の船は台湾海峡を自由に通航できなくなる、といった脅迫めいた情報はほとんどありませんでした。そういう類の情報は、台湾派の政治家から入ってくるのです。灘

**椎名特派大使一行名簿**

| | | |
|---|---|---|
| 特派大使 | 椎名悦三郎 | 衆院議員，自民党副総裁，元外相，元通産相 |
| 顧　　問 | 村上　　勇 | 衆院議員，元郵政相，元建設相 |
| 顧　　問 | 秋田　大助 | 衆院議員，元自治相，自民党対外経済協力特別委員長 |
| 顧　　問 | 福永　一臣 | 衆院議員，元自民党副幹事長，元運輸政務次官 |
| 顧　　問 | 加藤常太郎 | 衆院議員，元運輸政務次官 |
| 顧　　問 | 菊池　義郎 | 衆院議員，元科技庁政務次官 |
| 顧　　問 | 高見　三郎 | 衆院議員，前文相 |
| 顧　　問 | 福井　　勇 | 衆院議員，前衆院運輸委員長 |
| 顧　　問 | 鹿野　彦吉 | 衆院議員，元経企庁政務次官 |
| 顧　　問 | 砂田　重民 | 衆院議員，前総理府総務副長官 |
| 顧　　問 | 山村新治郎 | 衆院議員，元運輸政務次官 |
| 顧　　問 | 中村　弘海 | 衆院議員，元自民党国民運動副本部長 |
| 顧　　問 | 綿貫　民輔 | 衆院議員，自民党商工局次長 |
| 顧　　問 | 浜田　幸一 | 衆院議員，自民党青年局次長 |
| 顧　　問 | 川上　為治 | 参院議員，元参院商工委員長 |
| 顧　　問 | 大森　久司 | 参院議員，自民党副幹事長 |
| 顧　　問 | 楠　　正俊 | 参院議員，元参院文教委員長 |
| 随　　員 | 中江　要介 | 外務省アジア局外務参事官 |
| 随　　員 | 七海　祥朗 | 外務省情報文化局海外広報課事務官 |
| 随　　員 | 若山　喬一 | 外務省研修所事務官 |
| 秘　　書 | 岩瀬　　繁 | 椎名悦三郎特派大使付 |
| 秘　　書 | 松本　彧彦 | 自民党本部職員　ほか４人 |

出典：「椎名特派大使一行名簿」（情報公開法による外務省開示文書，01-1933-2，外務省外交史料館所蔵）などから作成

尾弘吉さんやお付きの玉置和郎さん、藤尾正行さんあたりからです。[41]

自民党議員たちは、椎名に随行して訪台すべきか悩んでいた。中江によると、「台湾特使の随員に入った方が有利か有利でないのかみんな考えたわけです。どちらが次の選挙にいいのか」[42]。議員団は一七人にとどまった。

中江は椎名と打ち合わせを重ね、随行議員団の名簿を作成した。議員団の名簿で、序列の誤りは許されない。そんなとき頼りになるのが、党内事情を熟知した竹下登である。[43]佐藤内閣で官房長官を務めた竹下は、田中内閣期に自民党筆頭副幹事長となっていた。

そこで中江が、「名簿は大体二十人ぐらいでこういうふうに決まったのですが、序列をどうしましょうか」と竹下に相談した。

竹下は、「ああ、それは任しといて」と序列を即答した。竹下は議員の略歴や当選回数などを諳《そら》んじていたのである。

中江は、「驚いたことに竹下さんは、国会議員名簿がそのまま頭のなかに入っているようでした」と回顧する。[44]

## 安岡正篤が添削した田中親書

訪台する椎名には、蔣介石総統に宛てた田中首相の親書を持たせることにした。田中親書といっても田中が書き下ろすわけではなく、起草するのは外務省である。アジア局中国課が手掛けた当初の親書案は、台湾との「外交関係断絶」に言及しつつ、民間交流の継続を求めていた。[45]

中国課長だった橋本恕は、親書の目的をこう語る。

〔田中と大平の〕両首脳も、蔣介石、つまり国民政府との関係を非常に気にしていまして、中国との国交正常化の結果として、当然、国民政府との間の国交が断絶される。喧嘩別れにするのではなくて、もう時の勢いで国際情勢の変化の結果、国民政府と日本政府は別れざるをえないので、できるだけの礼を尽くそうということでね。[46]

田中親書を外務省に情報公開請求したところ、少なくとも五回は修正や清書がなされていた。それぞれの親書案を比べると、手直しには特徴が三つある。

第一に、事務的な文体から漢文調に書き改められている。

第二に、日中国交正常化が達成されれば「貴国政府とわが政府との公式の関係が断たれる結果となります」と記されていたところが、「貴國との間に痛切なる矛盾抵触《ていしょく》を免れず」と曖昧《あいまい》に表現された。

第三に、民間交流の継続を依頼したくだりが削除されている。[47]

これらは蔣介石を慮《おもんぱか》った修正といえよう。橋本によると、「私が最初の日本文を書いて、それで外務大臣の大平さんのところへ持って行った。もちろん〔法眼〕次官にも話し、かなりの人が参画するようになってきた」。

大平は親書案を手にすると、「誰が書いたか知らんけれども、これはとてもよくできている」と述べた。一方の田中は、橋本に申し付けた。

「内容はこれでいい。ただ、この親書をね、相手は蔣介石なので単なる武人、政治家ではなく、蔣介石というのはなんたって一つの時代を作った人だから、もうちょっと格好つけて立派な文章にしてくれないか」

田中は思案し、「内容はこの橋本が書いたやつでいいから、文章の体裁を安岡正篤《まさひろ》に頼め」と橋本に指示した。中国課の親書案を見た田中が、漢学者の安岡に添削してもらうよう命じたのである。[48]

終戦時の玉音放送に朱を入れたこともある安岡は、歴代首相の指南役として知られていた。池田派の発足に際して大平は、安岡に宏池会という名前を付けてもらったこともある。[49]

田中親書の添削を依頼された安岡は、「台湾の要路が一読して、腹を立てながらも、しかしうまいことを云うなあ……といわしめる文章を書こう」と引き受けた。[50] 安岡が万年筆を執ると、親書は見違えるように趣ある漢文調に生まれ変わった。いささか長文だが、ここでは原文のまま引用してみたい。

蔣介石總統閣下鈞鑒
　謹啓者
閣下鼎祺安燕履祉吉祥我が久しく仰望《ぎようぼう》神馳する所であります　近来我が國と北京政府との交渉に関し議論紛紛
閣下の左右亦之を我が國政府の降志辱身自ら國格を損する行爲として論難さるるを傳承致しまして茲《ここ》に謹んで本問題に關する日本政府の所見を開陳し
閣下の諒察を仰ぎたいと存じます
顧みれば戰後二十餘年
閣下の日本國及國民に對する終始渝《かわ》らぬ高誼優待は日本國政府及國民の齊《ひと》しく欽尚《きんしよう》する所であり、一九五二年我が國が　貴國政府との間に平和條約を締結して以來政府民間擧《こぞ》ってあらゆる機會を通じ一貫して　貴國との友誼《ゆうぎ》を勵行《れいこう》して參りました　特に昨年の國聯に於《おけ》る中國代表權問題の審議に當っては我が國政府が率先挺身して難を排し紛を解き國聯に於る　貴國の議席確保に奔走盡瘁《じんすい》致しましたことは長く青史《せいし》に傳えて両國の爲に友邦齊しく感銘する所であります
然《しか》るに近年國際情勢は激變し國聯総會に於る中國代表權問題の議決　北京政府承認國の續出　ニクソン大統領の北京訪問等北京政府との關係改善を謀るに世を擧げて滔滔《とうとう》たる

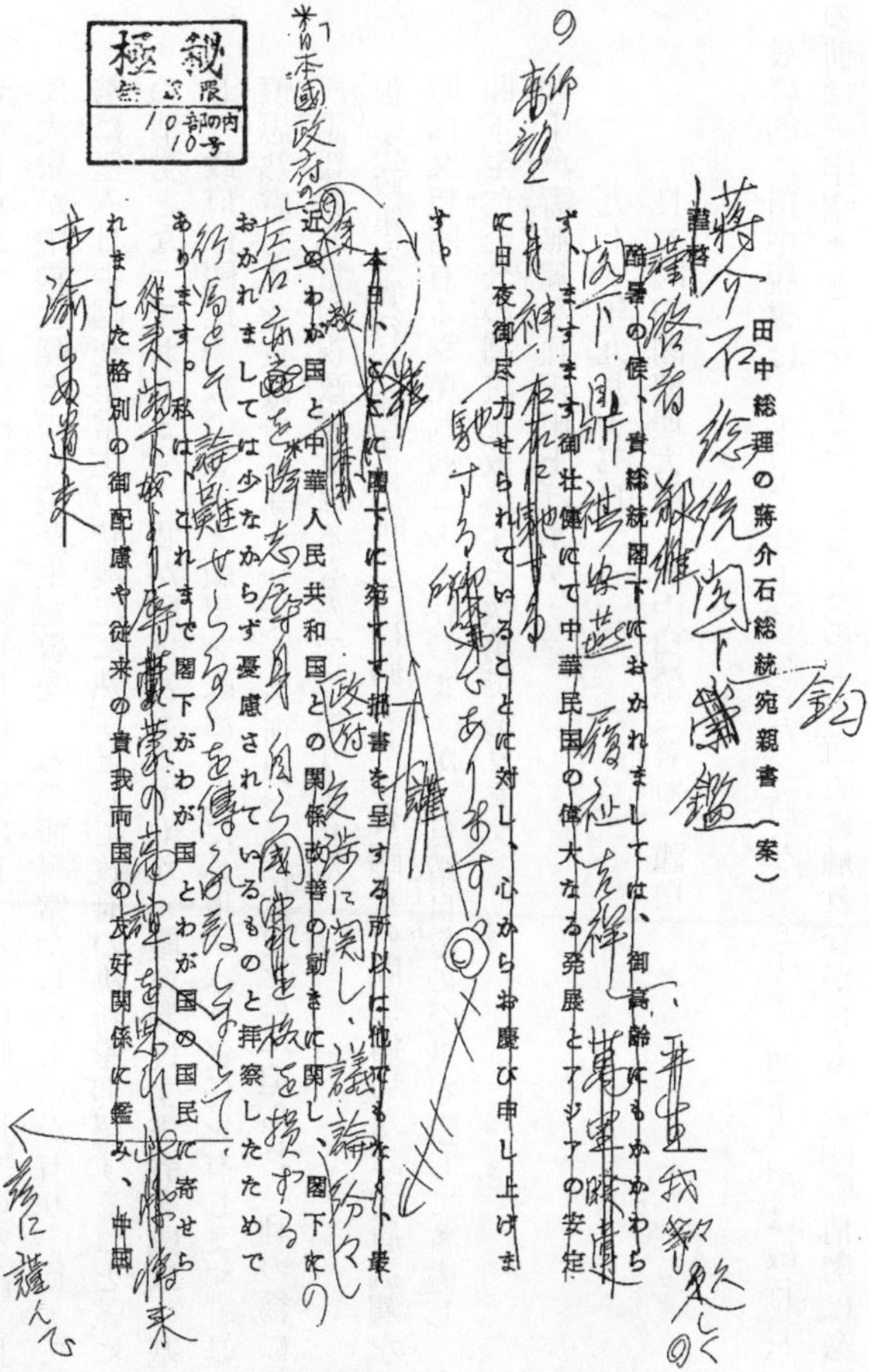

田中総理の蒋介石総統宛親書（案）

謹啓

酷暑の候、貴総統閣下におかれましては、御高齢にもかかわらず、ますます御壮健にて中華民国の偉大なる発展とアジアの安定に日夜御尽力せられていることに対し、心からお慶び申し上げます。

本日ここに閣下に宛てて拙書を呈する所以は他でもなく、最近のわが国と中華人民共和国との関係改善の動きに関し、閣下におかれましては少なからず憂慮されているものと拝察したためであります。私はこれまで閣下がわが国とわが国の国民に寄せられました格別の御配慮や従来の貴我両国の友好関係に鑑み、中国

**田中首相から蒋介石総統への親書案**　添削は安岡正篤による．田中からの指示だった

出典：「田中総理の蒋介石総統宛親書（案）」情報公開法による外務省開示文書，2010-267

者が有ります　我が國は此等と亦自ら撰を異にし　古来中國と斯文の交深く且久しく國民大衆が中國大陸との社稷蒼生《しやしよくそうせい》を敬愛するの情尋常ならぬものが有り　従って即今の時勢に鑑み日中國交正常化の時機已に熟すとして政府の決断を仰望すること誠に止むを得ぬ情勢となっております　我が國は言うまでもなく議會制民主主義を國政の基本原則とし　政府は國民多數の意思と願望を政治の上に具現すべき責任を有します　是れ我々が慎思熟慮して北京政府と新に建交する所以で徒に勢の爲に迫られ　利の爲に誘われて所謂《いわゆる》親媚北京短視政策を採るものではありません

但《ただし》本政策を實行に移すに當っては固より　貴國との間に痛切なる矛盾抵觸を免れず時に又粗略有るを免れぬことと存じますが　自靖自《じせいじ》獻《けん》の至誠を盡《つく》して善處し

閣下至仁至公の高誼を敬請する次第であります

閣下萬壽無疆《まんじゆむきよう》を謹祝申上げます

一九七二年九月十三日

日本國内閣總理大臣　田中角榮（署名）謹白[51]

最終的に田中親書は、毛筆で仕上げられた。蔣介石を示す「閣下」では改行し、「貴國」の前は一字空きとしてある。台湾との「友誼」に触れながらも、「國際情勢は激變」して「日中國交正常化の時機」だという。日台関係の今後については、「貴國との間に痛切なる矛盾抵触を免れず」と述べるにとどまっている。断交を明示する言葉はどこにもない。

安岡による最大の変更点は、「国交断絶云々やその後の民間同士の友好関係の維持云々の部分を全面的に削除したこと」である。[52]「公式の関係が断たれる」という文字は消されていた。民間人にすぎない安岡が、「公式の関係が断たれる」を「貴國との間に痛切なる矛盾抵触を免れず」に書き換えたのである。

渡邊幸治を継いで、外務省アジア局中国課首席事務官となった小倉和夫によると、田中親書の発案には宇山厚駐台湾大使もかかわっていた。中国課の総務班で田中親書を起筆し、橋本と小倉が修正して上層部に示したところ、安岡に見せることになったという。

ならば「公式の関係が断たれる」を削除した安岡案が、ほぼそのまま田中親書となったのはなぜか。小倉はこう述べる。

国交が断絶するということを日本側からなんで言う必要があるのかという議論があったわけです。当然そうなるのだと。つまり台湾が一つの中国というものを主張している以上、日本が北京政府と国交正常化すれば当然、法律的にですよ、台湾が独立を宣言するとかそういうことが無い限り、一つの中国に固執すれば、国交は断絶する。それは法律的に、太陽が西から昇らないで東から昇るのと同じようなことなわけですね。そんなことを、何故日本がわざわざ言う必要があるのかという議論はあったのです。

さらに小倉は、台北の日本大使館を介して台湾の知日派から、日本から断交とは申し出ないでくれというシグナルが送られていたと振り返る。[53]

## 大使呼び出し

田中親書が整えられ、椎名訪台を目前に控えた頃、台湾では反日感情が頂点に差しかかっていた。台湾の沈昌煥外交部長は九月一五日朝、宇山大使を呼び出した。沈は一九六〇年から一九六六年にも外交部長を務めており、一九七二年五月には外交部長に復帰していた。宇山が外交部に駆け付けると、沈は書面を読み上げた。

明か《ママ》に貴国政府は、既にわが国に対する非友好的政策を決定済であり、これをわが方に通告せしめる為にシイナ《ママ》特使をして訪華させるものと見ざるを得ない。かかる態度は、単にわが政府の受入難いものであるのみならず、必ずやわが全国民を激こうせしめるものである。

貴国政府において速かにこの点を明らかにされることを希望する。然らざれば、国民政府は特使の来訪について重大な政策的考慮をせざるを得ないであろう。

シイナ特使来訪の任務が重要であることにかんがみ、わが方はシイナ氏が当地に到着後また当地滞在期間中に政策的な如何なるステートメントまたは談話をも発表されないことを希望する。[54]

書面を読み終えると、沈は「世論が最も激こうし、しん経質になつている実情を十分に本国政府にお伝えありたい」と主張した。

これに宇山は、「日本政府、シイナ特使が貴国政府の立場に最も深い注意を払うであろうことはごうまつの疑いもないところである」と述べた。[55]

宇山は台湾の要請に配慮し、用意していた椎名訪台直後の空港ステートメントを行わないことにした。台湾で椎名訪台への反対運動が高まるなか、椎名や中江らは羽田空港で、台北行き日本航空特別機に乗り込んだ。

### 椎名訪台と「官製デモ」

九月一七日午後、椎名一行が台北の松山空港に降り立つと、これに反発する三〇〇人の学生や市民が待ち構えていた。「椎名帰れ」、「国府の友好に反するなら帰さんぞ」と気勢をあげるデモ隊は、石や生卵を車列に投げつけ、棒で叩き、唾を吐きかけてくる。[56]

群衆が空港を取り囲むなか、椎名一行の車列一四台は軍用ゲートから脱出した。サイレンを鳴らす警備車に先導され、車列は空港を離れようとするものの、プラカードや生卵を手に

**椎名特使日程表**

**9月17日（日）**

13:45　台北松山空港着（JAL　721便）

14:10　円山大飯店着

17:15　円山大飯店発，宇山厚大使公邸へ

17:30～20:45　在留邦人代表と懇談会

21:00　円山大飯店着

**9月18日（月）**

8:45　円山大飯店発

9:00～10:50　沈昌煥外交部長と会見（於　外交部）

11:00　総統府着，記帳

11:10～12:25　厳家淦副総統と会見（於　総統府）

13:00　昼食（於　円山大飯店）

15:00　円山大飯店発

15:15　立法委員らと懇談会（於　三軍軍官クラブ）

15:40　三軍軍官クラブ発

15:50～16:50　何応欽将軍と会見（於　自宅）

18:15　円山大飯店発

18:35～19:30　沈外交部長と第2次会談（於　外交部）

19:30　沈外交部長招宴（於　外交部）

22:30　円山大飯店着

**9月19日（火）**

8:45　円山大飯店発

9:00～11:00　蔣経国行政院長と会見（於　行政院）

11:00～　張群総統府資政と会見（於　総統府）

13:00～14:30　日華協力委員会（於　円山大飯店）

16:10　円山大飯店発，台北松山空港へ

16:25　離華（JAL　702便）

出典：宇山から大平宛て電報，1972年9月21日（情報公開法による外務省開示文書，2008-715）から作成

した暴徒が行く手を阻んだ。
福永一臣らの三号車と浜田幸一らの七号車は、日の丸を貼ったフロントガラスを割られた。いつもなら喧嘩早い浜田だが、このときばかりは冷静に「我慢しよう」と周囲に言い聞かせた。

ようやく宿泊先の円山大飯店にたどり着くと、一四台のうち半分の車体に深く傷跡が残っていた。台湾では一九四九年から一九八七年まで世界最長の戒厳令が布《し》かれており、一九七二年九月の時点で集会やデモは認められないはずである。

行動をともにした自民党職員の松本彧彦によると、椎名に対する抗議活動は、「台湾有史以来初の、政府が承知の上で実行された、いわゆる官製デモであるといわれた」[57]。

松本が主張するように、空港での騒ぎは「官製デモ」だったのか。外務省から椎名らに同行した若山喬一が語る。

椎名さんの車はもうすぐパッと出ちゃって、二台目もそれに続いて出ちゃった。その後に男連中がワッと出てきて、木材を持って車を叩きだしたのですね。〔中略〕三台目以下が、それぞれ同行された議員さん。村上勇さんとか、秋田大助さんとか、そういう大物の方は、椎名さんないしその次の車で行きました。後は若手とか、そういうような人たちですね。

椎名や村上らが乗る一台目、二台目を通過させたうえで、デモ隊は「恥を知れ」などと叫びながら、三台目以降を木材で叩き始めたのである。暴動は本物だったのか。

デモ隊の持っている木材をつらつら見ると、本当の角材じゃなくて、少しもう製材した、長くて平たい材木なのです。それでバンバン、ビシャビシャ叩くから、音はするけれども、車自体はそんなには壊れない。少しガラスにひびが入り、まわりのサイドミラーや何かが割れた程度です。

デモ隊は手加減しており、パフォーマンスに近かったのである。議員たちは真っ青だが、若山は「だんだんもう叩かれているうちに、我々には危害は及ばないのだなと感じました」と述べる。「官製デモ」という推測も、的外れでなかろうという。[58]

椎名らは円山大飯店に入り、部屋で汗を流し終えると、打ち合わせに集合した。

ここで浜田が、「明日からの公式行事に、自分たちがどのような考えで臨んだらよいのか」と提起した。「まずは特使がどんなお考えをもって台湾に来たのか、我々がそれを知らないことには話になりません」と椎名に指示を求めたのである。

すると椎名は、「それは君、それぞれが思っていることを話したらいいんだよ」と答え、一同を唖然《あぜん》とさせた。この期に及んで意思統一できないのが、いかにも自民党議員らしい。たまらずほかの議員が、「特使は、総理の親書を預かってきているのでしょう」と問うと、椎名は煙に巻いた。

「親書というものは、その中身について公表できるはずがないではないか。いずれにしても大変高邁《こうまい》なことが書いてあるはずだよ」

椎名は田中親書の内容を知っていたはずだが、内容を披露すれば収拾がつかなくなると判断したのである。[59]

このとき椎名は政府の方針ではなく、独自の考えを伝えようと胸に決めていた。台湾寄りで経験豊富な椎名が、政府の言いなりになるはずもない。随行した中江によると、椎名は「およそ台本に書かれたセリフは言わない、そもそも台本を勉強しない役者である」[60]。

**椎名・蔣経国会談**

椎名らは九月一八日、沈昌煥外交部長、厳家淦副総統、何応欽《かおうきん》将軍らと会談した。[61]三年ぶりに椎名と会った厳らが、日中国交正常化に猛反発したことは無論である。

肝心の蔣介石総統は病み上がりで静養中とされ、面会に応じなかった。[62]そこで椎名が、蔣介石宛て田中親書を厳副総統に手渡したところ、厳は「間違いなくおとどけ致します」と述べた。[63]このため、翌日の椎名・蔣経国会談が山場となる。

椎名は九月一九日、蔣経国との会談に臨んだ。六二歳の蔣経国は五月に行政院副院長から行政院長に昇任したばかりであった。高齢の蔣介石のもとで、長男の彼が権力を掌握していた[64]。

　椎名は、蔣介石の健康を気遣いながら挨拶を済ませ、日本の方針を蔣経国に伝えた。

「小坂会長の『日中国交正常化協議会』というものがあり、その意見に従って処理して行きたいと何度も田中は言明している」

　さらに椎名が語った。

「その決議の中の前書きに、特に『中華民国』との関係は深いので、『従来の関係』をそのまま維持することを念頭において、日中正常化の審議に臨むべきであるという表現がある。最後の最後までもめた点で、『従来の関係』とは外交を含めた意味である」

日台断交どころか、外交を含めて「従来の関係」が継続されると椎名は告げたのである。椎名が伝えたのは、田中内閣ではなく自民党の方針だった。しかも椎名は、「従来の関係が継続されるよう」という玉虫色の表現について、「外交を含めた意味である」と言い切った。

　蔣経国は、その真意を測りかねた。

「我が方では大平外相の駐日彭孟緝大使への発言を重視している。それは、『日中国交樹立の暁には『日華平和条約』はなくなってしまう』というもので、これはどういうことか」

大平との矛盾を衝《つ》かれた椎名だが、ひるまなかった。平然と椎名は、「〔大平が〕親しい彭孟緝大使との関係で感想を伝えたということだと思う」と答えた。椎名によると、大平の発言は「感想」であり、「断交の宣言ではなく、予告でもない」。納得できない蔣経国が、長広舌《ちょうこうぜつ》を振るい始めた。

蔣介石総統は日本の問題には大変関心がある。特に日中関係については従来から関心が深いため、軍閥が戦争を起こす前に、中国を友と見るか敵と見るかについて注意を喚起したことがある。天皇制を擁護し、四ヶ国の分割占領に反対し、「日華平和条約」を結んだ。この一連の事実は歴史的観点から一貫して処理されたものである。親「中華民国」反「共産主義」の日本政府があってこそ共同の立場で日本の発展、アジアの平和も確保しうるという認識である。

蔣経国は、さらに語気を強めた。

日本は既に侵略によって七億の同胞を塗炭の苦しみに陥れている。過去は過去だとしても、今後日本が中共と国交正常化するようなことになると、将来永久に七億の同胞を塗炭の苦しみに陥れる。再び、二度の大罪悪を犯すことになり、我々として看過できない。現在我々は台湾にいるが、これはあくまで大陸を取り戻すまでの基地であり、必ずや大陸を取り戻せると固く信じている。

つまり蔣経国は、日中国交正常化すれば「大罪悪」となるし、いずれ台湾は大陸に反攻し中国を奪還すると強弁したのである。

最後に蔣が、「日中正常化の結果がどうなるかは事実が証明するだろう。『引狼入室《いんろうにゅうしつ》』という結果は明らかである」と警鐘を鳴らすと、椎名は、「田中総理に伝え、誤りなきように期したい」と結んだ。[65]

このように椎名・蔣会談では、椎名が「従来の関係」の継続を伝えたのに対し、蔣は大陸反攻を言い立てた。「従来の関係」継続、大陸反攻ともに、客観的には成立し難いはずである。椎名や蔣は、そのことを百も承知だったろう。

同行していた中江は、椎名・蔣会談をこう振り返る。

> この人〔蔣経国〕は、何もかも分かったうえで、しかも遠路はるばるやって来た椎名悦三郎という老人を大事にし、面目をつぶさないように、うまいぐあいに話を取り持ったな、という印象を持ちました。弁慶と義経が嘘をついているのを富樫《とがし》は分かっていながら、見て見ぬふりをして関所を通してやる、あの勧進帳《かんじんちょう》に似ています。蔣経国は、椎名さんが言っていることは嘘で、日本は、本当は台湾とは断交すると決めているのに、そ

れを言ったのでは元も子もないから正常化協議会の決議を引っ張り出した。もう台湾とは断交するつもりでしょう、ということを暗に匂わせながら、椎名さんとの会談を、いかにも話ができたかのような格好で終わらせました。[66]

**椎名・蔣経国会談**　椎名（左）は自民党副総裁として「従来の関係」継続と話した．1972年9月19日

勧進帳とは本来、社寺の建立に寄付を募る帳面のことである。中江がたとえた歌舞伎の勧進帳では、弁慶と義経が奥州に逃れようとする途上で関守《せきもり》の富樫左衛門にとがめられ、とっさに弁慶が白紙の巻物を勧進帳と称して読み上げる。富樫は弁慶の芝居と見抜いていながら関所を通し、互いに虚構と知りつつ白《しら》を切るという演目である。

とするなら椎名の役者ぶりは、どう評されるべきなのか。椎名が置かれた立場の難しさは理解できるとしても、徒に台湾の要人たちに気を持たせたようにも思える。椎名発言が中国を刺激したことはいうまでもない。

## 椎名発言の波紋

椎名訪台の模様は、周恩来にも伝わった。台湾との外交関係を継続するという椎名発言を耳にすると、周は九月一九日夜、訪中していた小坂ら一〇名を人民大会堂で叱責《しっせき》した。

椎名特使が台湾で日中国交正常化後も日本と台湾との外交関係は継続されると述べた由であるが、これは諸君の話と全く違うではないか。根本の問題でこういうことでは困る。

業を煮やす周に小坂は、「そんなはずはない」と弁明する以外になかった。[67]そうとも知らない椎名一行は、台北を飛び立った。機内の椎名らは、重責を終えた安堵《あんど》感で表情を緩《ゆる》ませている。日本航空機が羽田空港に到着すると、外務省の吉田健三アジア局長が慌てて機内に乗り込んできた。

吉田は椎名に打ち明けた。

台北でのご発言が、北京で問題になっています。実は小坂善太郎先生（自民党日中〔国交〕正常化協議会会長）が現在、北京を訪問中ですが、昨日、夜中に周恩来首相から呼び出されて、椎名特使の台北での発言は、日本政府は二つの中国を認めるということを意味するのではないのか、と詰問されたのです。

すると椎名は、「君に、そんなことを言われる必要はない」と吉田を一喝した。[68]

外交を含めて「従来の関係」を継続すると発言したときから、波紋を呼ぶことは覚悟していたのであろう。椎名とすれば、「わしには、田中は何もいってくれん。だから、わしが拠り所とするのは党の決議。これにしたがったまで」だった。[69]

椎名は九月二〇日に田中と大平を訪れ、「日本と中華民国との従来の関係の維持ということには、外交関係を含むということになっていると台湾政府に説明した」と報告している。外相秘書官の森田は、「これは予想外のことで大臣にとっても大きな衝撃であったようである」と日記に書き入れた。[70]

田中や大平に批判的な椎名は、「先方から修交三原則を承はって来たなら、その逆を取って逆三原則を放言する位の見識と威力を示すべきであったと思ふ」と考えていた。[71]

その椎名は、省事《しょうじ》という言葉を座右の銘とした。省事とは中国の古典『菜根譚《さいこんたん》』に由来するもので、後集二項に「不如省事（事を省くに如かず）」と記されている。小事を省いて重要なことに専念し、大局的見地から行動するという意味で椎名は用いた。

側近によると椎名は、「『事を省く』ということをモットーにしていた。ともかく、大事だと思うことしか取り組まない。あとは、やらない」。[72]

ならば椎名が台湾で大所高所に立てたかといえば、いささか疑問を感じざるをえない。中国と国交正常化すれば、台湾と外交関係を継続できないのは自明である。

後年に大平は首相として、椎名の自民党葬に出席している。そのとき大平は、「貴方は『不如省事』の哲学に徹し、小事にこだわらず、つねに大局を把握して数々の偉功を残されたのであります」と弔辞を読んだ。[73]大平は椎名の功績を称賛したわけだが、両者は日中国交正常化のときから離反していた。内心で大平は、椎名訪台を苦々しく想起していたのかもしれない。

### 蔣介石の返書

椎名との会談を長男の蔣経国に託した蔣介石はどうなったか。誇り高き蔣は田中親書に目を走らせ、八四歳の老体を怒りで震わせただろう。しかし、台湾が存亡の危機に直面している以上、何か行動を起こさねばならない。

蔣は業腹《ごうはら》を懸命に鎮め、田中への返書に筆を振るった。

> 中共がアジアから世界全体の赤化を欲していることは、すべての人々が熟知しており、貴国が中共と国交を樹立しても、経済的にも期待できる近い利益はありません。何を期するところがあって、こうも慌しく、信に背き、義を絶ち、狼を部屋に引き入れ、盗賊を礼遇するようなことをなさるのでしょうか。〔中略〕貴国が中国大陸の人民を圧迫し

ている暴力政権と建交するならば、それは中国全体の人民を敵とすることにほかなりません。私は貴国はそのようなことをしないとひそかに思っています。いささか意見を申し述べ閣下が実益の上から再考されるよう切望する。[74]

病気がちの蒋が老骨に鞭打ち、強い自尊心を曲げてでも、日中国交正常化の不成立に最後の執念を燃やしたのである。

晩年の蒋介石

蒋が命を打ち込んだ返書は、田中、大平にどう読まれたか。首相秘書官だった木内昭胤によると、田中や大平はそれを目にしたとき、声を発しなかったという。「もちろん内心は同情を禁じえなかったでしょうけれど、そんなことは訪中前で言ってられませんでした」。蒋による渾身の復文は、二人の決意を動かせなかった。[75]

右翼の街宣車が「国賊」と攻撃すると、田中は秘書に腹を括《くく》ってみせた。

「一国の総理として行くんだから土下座外交はやらない。国益を最優先して丁々発止でやる。いよいよとなったら決裂するかもしれないが、すべての責任はオレがかぶる」[76]

官房副長官だった後藤田正晴は、「党内の意見調整もまだ不十分なまま、総理と外務大臣の大平正芳さんと二階堂さんが訪中した。私は留守番役だったが、それはまさに政治生命をかけた総理の決断だった」と論じる。[77]

橋本恕も、「右翼による襲撃の危険をもかえりみず、訪中したのである。中国にも日中戦争のため愛する家族を失った多勢の人々が、田中総理を襲撃する恐れもあった。文字どおり生命《いのち》がけの訪中であった」[78]と記す。

田中だけでなく、大平と二階堂にも脅迫状が送り付けられた。几帳面な大平は、身の危険を感じて遺書を認めた。[79]長女の芳子は、「訪中する前、父は遺言を書いていました。どういう状態で帰ってこられるか、わからない。それくらいの覚悟だったのです」と述懐する。[80]

北京へと旅立つ九月二五日が刻々と迫っていた。

# 第6章　田中訪中と「ご迷惑」スピーチ
## ――交渉第一日（一九七二年九月二五日）

### 「死ぬ覚悟で来ている」

田中角栄首相と大平正芳外相が訪中準備を急いでいた頃、中国政府は民衆の説得に腐心していた。戦争の記憶が生々しい国民たちに訪中団を迎え入れさせねばならない。上海の紡績企業で宣伝工作に当たっていた呉寄南《ごきなん》によると、中国のある労働者は、「両親を日本軍に殺された。日本の首相を歓迎などできない」と涙ながらに訴えた。[1] 同じような声は、中国全土から湧き上がったに違いない。

中国外交部は、「田中首相の訪中接待に関する内部宣伝提綱」という文書を全国に配布し、各地で勉強会を開催させた。「提綱」によると日中国交正常化は、反ソ闘争、「日本軍国主義の復活」反対闘争、台湾解放闘争、アジアの緊張緩和に有利だという。外交部が作成し、毛沢東の承認を得たものであった。[2]
日本課副課長だった丁民《ていみん》によれば、日本訪中団を世話するホテル従業員から運転手まで、日中戦争で肉親を殺された者がいないか調べたという。[3]
田中は訪中前に、「政治家というのは最も権力があるときに、最も難しい問題に挑戦するのだ」と小長啓一秘書官に決意を語り、毛沢東や周恩来を「革命第一世代」と呼んでいた。

第一世代というのはどこでもそうだけれども、やっぱりそれなりのリーダーシップ、指導力を持っている。第二世代、第三世代になると、その辺の力は衰えてくるものだ。第一世代が健在なうちに、こういう難しい問題は解決しなきゃいけない。こっちは最も力の強いうちにやらなきゃいけない。

中国では第一世代が健在であり、田中も権力の絶頂にある。国交正常化の時機はいましかないと田中は読んでいた。[4]
一九七二年九月二五日の早朝、田中、大平、二階堂進官房長官が羽田空港に姿を現した。田中は「帰ったら話そう」と言い残し、三木武夫副総理や椎名悦三郎副総裁らに見送られた。随員約五〇人を引き連れて日本航空特別機に乗り込むと、午前八時一〇分には機上の人となった。[5]

**9月25日の交渉**

| | |
|---|---|
| 8:10 | 田中，大平らが日航特別機で羽田空港を離陸 |
| 11:30 | 北京空港着（日本時間12:30） |
| 14:55～16:50 | 第１回田中・周恩来会談（人民大会堂） |
| 18:30～ | 周恩来主催歓迎夕食会（人民大会堂） |

出典：石井明・朱建栄・添谷芳秀・林暁光編『記録と考証　日中国交正常化・日中平和友好条約締結交渉』（岩波書店，2003年）などから作成

このとき田中は大平に、「お互いに日中問題は解決すると国民に公約しているのだから、やるしかない。やろう」と語っていた。後年に田中は、「中国へ出かける前の時点では、すべてが解決できるとは思わなかった」とも述べており、北京での交渉を楽観できずにいた。[6] 二階堂によると田中は、「私は死ぬ覚悟で来ている」とまで口にした。[7]

機中の田中は、外務官僚たちに別の顔を見せた。田中は努めて陽気に振る舞い、「正常化できなければ、手ぶらで帰るのもちっとも構わんよ」、「もう君たちに任す」と語ったのである。

官僚たちは、田中の言葉を意気に感じた。条約課長だった栗山尚一は、「おそらく本心ではないだろうなとは思いましたが、そう言ってもらうと、非常に気が楽になるのですよ」と回想する。[8]

### 周恩来との握手

一一時三〇分、直行便が北京空港に着くと、赤い絨毯《じゅうたん》の敷かれたタラップから田中が降り立った。淡いグレーの人民服に身を包んだ周恩来が歩み寄り、二人は固い握手を交わしたまま、五回、六回と手を揺らした。

**北京空港に到着した田中首相（中央）** 周恩来総理（中央左）とともに儀礼隊を閲兵した．1972年９月25日

田中と大平は表情を引き締めながら、メインポールにはためく日の丸と五星紅旗に目を注いだ。秋日《あきび》和《より》の澄み切った蒼天《そうてん》には、君が代が鳴り響いている。

儀礼隊を閲兵した田中が周の車に同乗すると、街路樹が青々と繁る初秋の道を通り抜け、一行は北京西郊の迎賓館に向かった。[9] 宿泊先となる釣魚台《ちょうぎょだい》の迎賓館まで、沿道には警官が一〇〇メートルごとに立っていた。しかし、民衆が田中を歓迎する姿はどこにもない。[10]

田中や大平は、大きな池と美しい庭園に囲まれた迎賓館一八号楼に通された。元首級が必ず宿泊する施設であり、のちの天皇訪中でも一八号楼が用いられている。

部屋に入ると、暑がりな田中は目を円くした。外は猛暑だが、部屋の温度は田中の好む一七度に設定されている。部屋の隅には、大好物の台湾バナナと銀座四丁目の木村屋アンパンが並べられていた。中国は田中の嗜好《しこう》を調べ尽くしていた。

思わず田中は、「これは大変な国に来た。交渉、掛け合い事は命がけだな」と秘書の早坂茂三に漏らした。朝食では味噌汁に、飲み慣れた柏崎市にある老舗西牧の三年味噌が用いられた。

実のところ、すでに五月ごろから東京在住の中国人「記者」たちが、田中の秘書などから好みを「取材」していたのである。中国は田中の個人情報を最大限に活用した。田中は台湾バナナと木村屋のアンパンを眺めながら、中国側の徹底的な調査と国交樹立への意気込みをひしひしと感じた。[11]

## 第一回田中・周会談

午後二時を過ぎると、日中の首脳が人民大会堂安徽庁に続々と足を運んだ。田中、大平、二階堂、橋本恕中国課長が席に着き、周、姫鵬飛《きほうひ》外交部長、廖承志外交部顧問、韓念龍《かんねんりゅう》外交部副部長はテーブルの真向かいに腰を下ろした。日中交渉の開幕である。

田中は物怖《ものお》じせず、「日中国交正常化の機が熟した。今回の訪中を是非とも成功させ、国交正常化を実現したい」と口火を切った。

次いで大平が、「国交正常化をなしとげ、これをもって、日中両国の今後長きにわたる友好の第一歩としたい」と述べ、日本の立場を明快に主張した。

二つの問題がある。

ひとつは日華平和条約の問題であり、中国側がこの条約を不法にして無効であるとの立場をとっていることも十分理解できる。しかし、この条約は国会の議決を得て政府が批准したものであり、日本政府が中国側の見解に同意した場合、日本政府は過去二〇年にわたって、国民と国会をだまし続けたという汚名をうけねばならない。そこで、日華平和条約は国交正常化の瞬間において、その任務を終了したということで、中国側の御理解を得たい。

第二点は第三国との関係である。とくに日米関係は日本の存立にとり極めて重大である。〔中略〕日中国交正常化をわが国としては対米関係を損ねないようにして実現したい。

会議冒頭から大平は、日華平和条約の合法性と日米安保体制の存続を説いたのである。日本側は、日華平和条約で中国との戦争状態はすでに終結していると解していた。

これに周が反論した。

戦争状態終結の問題は日本にとって面倒だとは思うが、大平大臣の提案に、完全に同意することはできない。桑港《そうこう》〔サンフランシスコ〕条約以後今日まで戦争状態がないということになると、中国は当事者であるにもかかわらず、その中に含まれていない。私は、この問題を二人の外相に任せ、日中双方の同意できる方式を発見したいと思う。

つまり周は、日華平和条約の合法性に異を唱え、台湾問題を外相級会談に任せようと提案したのである。

他方で周は、「日米関係にはふれない。これは日本の問題である」と声を和らげ、「台湾問題にソ連の介入を許さないという点で、日米中三国の共通点がある。中国側としては、今日は日米安保条約にも米華相互防衛条約にも、ふれずにゆきたい」とまで語った。対ソ戦略を優先する観点から、周は日米安保体制を認めたのである。[12]

第一回首脳会談は、双方が原則論を述べて終わった。首脳会談に外務省を代表して出席したのが、橋本中国課長だった。外務省幹部としては高島益郎条約局長と吉田健三アジア局長が訪中したものの、両局長ではなく橋本が首脳会談に出席することは当然視されていた。[13] 田中と大平を支えた橋本の役割は絶大だった。

## 「ご迷惑」スピーチ

夜には人民大会堂で、周恩来主催の宴席が設けられた。宴会場には田中、大平、二階堂、随員のみならず、日中覚書貿易関係者や各国報道陣も招かれた。中国側の出席者を合わせて六〇〇人という数は、ニクソン訪中時を大きく上回っていた。しかも衛星で日本のテレビ各局に中継されている。宴会場の正面には日中の国旗が飾られ、床には深紅の絨毯が敷き詰められた。[14]

そこに日中の首脳が現れ、メインテーブルの中央に周、向かって左に田中、右に大平と着席した。汗かきの田中は扇子《せんす》をばたつかせ、おしぼりで顔を拭うなど慌ただしいが、大平は眠ったように身じろぎがない。[15]

周は自ら箸で田中の皿に料理を盛り、「これならいくら飲んでも頭にきませんよ」とマオタイや赤ワインを惜しみなく注いでくる。[16]

中国の準備は、ここでも周到を極めていた。軍服姿の人民解放軍オーケストラが、「さくら、さくら」をはじめ、「佐渡おけさ」「金比羅船々」「鹿児島おはら節」を演奏し始めたのである。それぞれ田中、大平、二階堂の故郷を代表する曲であった。予期せぬ演出が、中国の並々ならぬ意気込みを物語っていた。

すると周が壇上に向かい、スピーチに立った。

一八九四年から半世紀にわたる日本軍国主義者の中国侵略によって、中国人民はきわめてひどい災難をこうむり、日本人民も大きな損害を受けました。〔中略〕中国人民は毛沢東主席の教えに従って、ごく少数の軍国主義分子と広範な日本人民とを厳格に区別して来ました。〔中略〕

首相閣下は、中国訪問に先立って、両国の会談は合意に達すると思うし、合意に達しなければならない、といわれました。わたしは、われわれ双方が努力し、十分に話合い、小異を残して大同を求めることによって、中日国交正常化は必ず実現できるものと確信しています。

周の音頭で、一同は乾杯した。君が代が演奏されると、今度は田中が壇上に向かった。セレモニーを重視する中国からすれば、ハイライトの一つといってよい。

さすがの田中も、緊張を隠せないまま口を開いた。

過去数十年にわたって日中関係は遺憾ながら不幸な経過をたどってまいりました。この間、わが国が中国国民に多大のご迷惑をおかけしたことについて、私は改めて深い反省の念を表明するものであります。第二次大戦後においても、なお不正常かつ不自然な状態が続いたことは、歴史的事実としてこれを率直に認めざるをえません。〔中略〕

　われわれは、偉大な中国とその国民との間によき隣人としての関係を樹立し、両国がそれぞれのもつ友好諸国との関係を尊重しつつ、アジア、ひいては世界の平和と繁栄に寄与するよう念願するものであります。

区切りごとに拍手を送っていた周たちが、「ご迷惑」発言の瞬間に凍りついた。日中戦争の傷が癒《い》えない中国とすれば、あまりに軽はずみな言葉に聞こえたのである。巧みな演説で知られる田中にしては四角張って見え、口調も棒読みに近い。[17]

　腹に据えかねた周が、翌日の会議で田中を強く批判したことはよく知られている。第三国の外国人記者も、「ご迷惑」の英訳に戸惑った。[18]

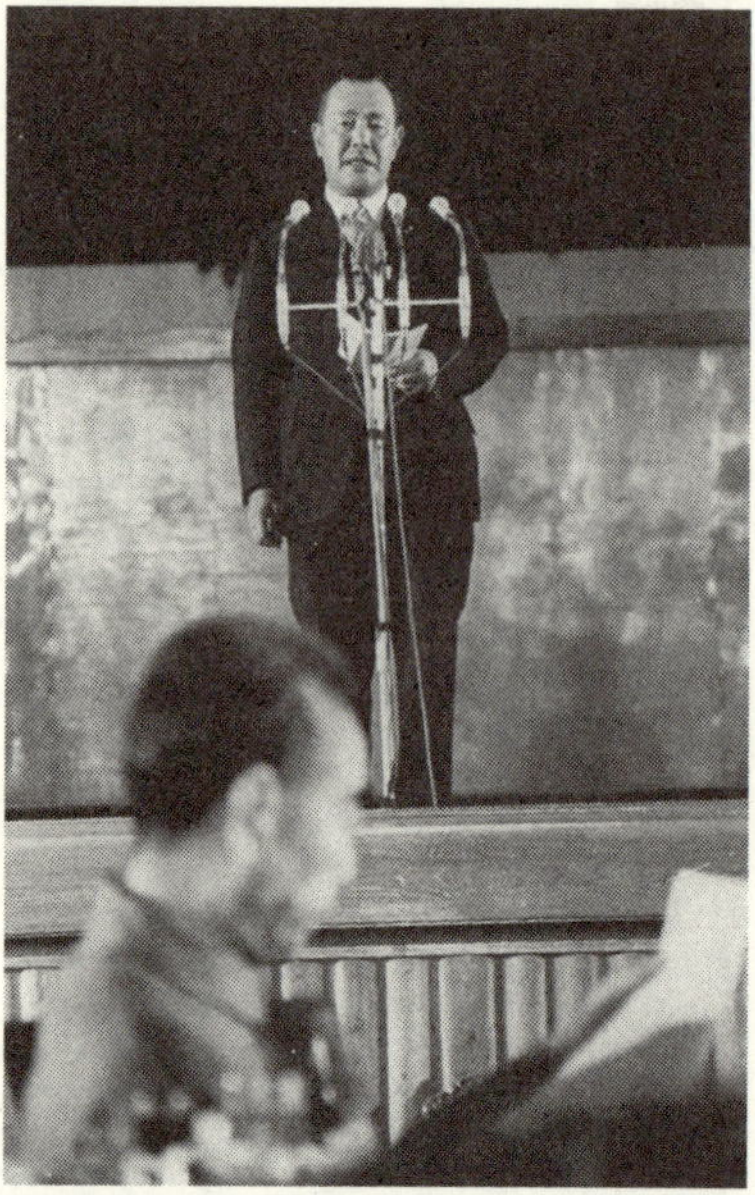

**夕食会でスピーチする田中首相**　手前は翻訳原稿を手にする周恩来．このときの「ご迷惑」発言がのちに波紋を呼ぶ

### 「日本民族の矜持」——中国には敗れていない

当時の写真をよく見ると、壇上の田中は左手に小さな紙を持っている。即興のスピーチでないことは当然であり、外交辞令は概して外務省によって作成される。田中は一文も書いていない。

とするなら外務省の誰が、どのような意図で田中の原稿を用意したのか。橋本はこう明かす。

田中角栄が訪中した時のその日の晩、人民大会堂で大勢の宴会があったとき、田中さんが挨拶するわけですね。それが、その後問題になった「ご迷惑」発言。「ご迷惑をかけた」が軽い意味で使われたと責められ、周恩来が文句を言った。ああいう人民大会堂における田中さんの挨拶のようなものは、この訪中では全部で六回か七回くらいある。いろんなオケージョンで田中さん、日本国総理として挨拶している。それは全部、私は部下に任せずに自分で書いた。オケージョンごとに。

つまり橋本は、田中のスピーチ原稿をすべて自分が書いたというのである。責任感の強い橋本は、部下に頼らず高度な判断を一身に背負おうとした。「ご迷惑」の真意はどこにあったのか。

戦争が終わって、ずいぶん経っているしね。日本が敗戦国で、中国が戦勝国だということは、みんな理屈ではわかっている。けれど日本人の大多数はね、その当時も現在も、アメリカと戦争して敗けたのだと思っている。中国と戦争して敗けたと思ってないのだよね。日本軍が中国にひどいことをしたと率直に認めなければならんけれどね。しかし、日本民族の矜持《きょうじ》をなんとしても保てる努力がしたい。そういうつもりで書いているものだから、大平外務大臣も、田中総理も、まったく修正しなかった。[19]

内心で橋本は、「日本軍が中国にひどいことをした」と感じつつも、「中国と戦争して敗けたと思ってない」国内世論に配慮し、「日本民族の矜持」を守ろうとしたのである。

## ぎりぎりの線で練ったスピーチ

橋本が「日本民族の矜持」を守ろうとしたにせよ、「ご迷惑」という言葉は不適切だという批判もあろう。だが、四点に留意したい。

第一に、田中が「私は改めて深い反省の念を表明するものであります」と述べているように、スピーチ全体を素直に読めば、謝罪の意図は明らかである。

第二に、四七頁で述べたように、田中は三月二三日の衆議院予算委員会で「日中国交正常化の第一番目に、たいへん御迷惑をかけました、心からおわびをしますという気持ち、やはりこれが大前提になければならない」と発言していた。

中国に出兵経験のある田中にとって、「御迷惑をかけました」は「心からおわびをしますという気持ち」なのである。橋本はそのことを知っていたし、田中が橋本のスピーチ原稿を修正しなかったのもそのためだろう[20]。

第三に、一五一—一五三頁で論じるように、翌日の会議で田中は「ご迷惑」の真意を伝えている。周恩来がこれを受け止めたことに加えて、姫鵬飛も田中の釈明で「謝罪問題は解決した」と回想している[21]。

第四に、田中らは、日本国内の右派から批判されることを想定せねばならず、そのことは外務当局も十分に承知していた。ぎりぎりの線で練ったスピーチであり、当時の国内状況は度外視できない。

歴史の後知恵からすれば、もう少し踏み込んだ謝罪にしてもよさそうなものだが、当時としては自民党の慎重派など国内に配慮せざるをえなかった。日中国交正常化を推進しようとした橋本だけに、国内情勢を勘案したのである。帰国後に揚げ足を取られないようにしながらも、全体として謝罪の意図は通じるようにした。

北京での会談は、内外を説得しうるところで一気にまとめ上げた交渉であり、スピーチもその一部なのである。椎名訪台に随行した若山喬一は、「日台関係、日中関係といっても、実態は日日関係の部分が非常に大きいのですよね」と述懐する。[22]

## 「ご迷惑」は誤訳されたのか

田中が橋本の原稿通りに挨拶すると、「ご迷惑」は日本人外交官によって「添了麻煩《テイエンラマーフアン》」と通訳され、周恩来らを激高させた。中国を怒らせたのは「ご迷惑」という田中の言葉そのものではなく、「添了麻煩」という中国語訳である。

ならば日本外務省の訳に問題があったのか。そう感じた人がいたのは事実であり、日本語に堪能な林麗韞《りんれいうん》がその一人だった。

台湾に生まれ、神戸に育った林は、通訳として周に重宝されていた。このときも林は、周の横で田中のスピーチを聞いていた。「ご迷惑」が「添了麻煩」と訳された瞬間、林は「訳し方がよくないのでは」と懸念した。各国大使のために英訳していた唐聞生《とうぶんせい》が、「あまりに軽すぎる」とつぶやくと、林は無言でうなずいた。[23]

田中のスピーチを中国語訳したのは、香港総領事館から一時帰国し、中国課に勤務していた小原育夫である。中国で生まれ育った小原は、母国語のように中国語を操り、東京外国語大学でも中国語を学んだ。

その小原が、肝心なところで誤訳するだろうか。スピーチが即興でない以上、中国語訳も事前に用意されていたはずである。小原へのインタビューをもとに、通訳の視点から田中のスピーチを再現したい。

翻訳に際して小原は、「プラスもしなければ、マイナスもしない。似合った言葉を探してくるほかない」と考えていた。

日本語がもう少し具体的な、例えば、戦争が与えた災難とか苦痛とか、そういったような日本文であれば、当然、逐語《ちくご》的にそれと同じ言葉を持ってくることは可能であるわけです。そうではなく、「ご迷惑をおかけした」という表現であれば、一般的に「ご迷惑をかけた」という〔中国語の〕表現を探してくるほかないわけですからね。したがって、それが大問題であるというような認識は、私はしておりません。

小原は橋本と良好な関係にあり、その意図を十分理解していた。さらに小原は、中国課で数名に翻訳を確認してもらったものの、「ご迷惑」の訳を含めて問題視されなかった。あまりにも多忙で、「みんな走り回っていたような状況であった」という。

スピーチの翻訳はあらかじめ中国に渡されており、中国側がタイプして会場に配布していた。中国側は「添了麻煩」という訳を事前に知っていたことになる。周恩来のスピーチも同様に和訳され、会場に配布されていた。

当日、スピーチに先だって小原は田中と打ち合わせし、「一段落ごとに最初から、ここで切ってほしいとマークをした一文を田中さんに持ってもらっ」た。通訳の都合上、区切りを入れたスピーチ原稿を渡したのである。

そして田中が登壇し、小原も舞台の隅に立った。壇上はサーチライトに照らし出され、会場が見渡しにくいほどに明るい。降り注ぐ放光が、小原の緊張感を否応なく高めた。田中が予定通りに口を動かすと、小原は手もとの原稿を目で追いながら通訳に当たった。

スピーチのご本人が言わないことを言ってもいけませんし、なかにはアドリブをおっしゃる方もいます。アドリブが頻繁な人も〔います〕。田中総理の場合、まったく文章通りでした。

誤訳という批判について小原は、「忠実に〔通訳〕するのが我々の役目で、むしろ日本文にない謝り方をすることのほうが大変な誤訳」だと語る。「私の訳語が、さも誤訳であるかのような報道、あるいは評論などがされていて、はなはだ心外に思った」。

その半面で小原は、不安も感じていた。

交渉の過程で、これがこのままスーっといくとは思っていませんでした。〔橋本には〕なんらかのお考えがあって、こういう表現をされたのだなという意識は当然ありましたけれど。常識的に考えて、これがこのまま正常化の最終的な文書に行き着く表現になるとは思いませんよね。

謝罪の表現について小原は、「ご迷惑」のままでは済まされないと見越したのである。[24] 悪い予感が翌日に現実となる。

# 第7章　周恩来の「ブラフ」、大平の「腹案」
## ――交渉第二日（九月二六日）

### 第一回大平・姫会談

九月二六日午前一〇時二〇分、大平正芳外相が人民大会堂に姿を見せた。大平は、吉田健三アジア局長、高島益郎条約局長、木内昭胤首相秘書官、橋本恕中国課長、栗山尚一条約課長、藤井宏昭外相秘書官を従えている。第一回外相会談では、日中共同声明の日本案を説明せねばならない。

中国からは姫鵬飛外交部長をはじめ、韓念龍副部長、張香山外交部顧問、陸維釗《りくいしょう》亜洲司司長、王暁雲亜洲司副司長、陳抗《ちんこう》亜洲司処長、高鍔《こうがく》亜洲司処長らが着席した。

大平は、「日本政府が考えている共同声明の草案について中国側の考え方を聞かせて戴《いただ》きたいと考えます」と述べ、高島条約局長を指名した。[1]

大平と姫鵬飛（右）両外相

高島は一九四一年の外交官試験に合格して入省したものの、戦争で陸軍に召集された苦い経験がある。シベリア抑留で凍傷となり足の指を失ったが、条約局長、外務次官、駐ソ大使を経て、最高裁判所判事在職中に他界することになる。部下だった栗山は、「戦前からの外交官で、古武士的なタイプの方でした」と追想する。[2]

大平に説明を託された高島は、「日本国政府及び中華人民共和国政府は、日本国と中国との間の戦争状態の終了をここに確認する」という日本案第一項から説き起こした。「戦争状態終了の時期を明示することなく、終了の事実を確認することによって、日中双方の立場の両立がはかられる」と高島は主張した。

高島によると、台湾との日華平和条約は有効だったのであり、同条約を不法とする中国の立場は受け入れられない。高島は、「日中国交正常化に際しては、いっさい秘密了解のごとき文書を作るべきではない」とも述べ、台湾を「黙約事項」にしようとする中国案を退けた。

台湾条項に関する日本案は、次の通りであった。

**9月26日の交渉**

| | |
|---|---|
| 10:20〜11:40 | 第１回大平・姫鵬飛会談（人民大会堂） |
| 14:00〜16:30 | 第２回田中・周恩来会談（迎賓館） |
| 17:10〜18:20 | 第２回大平・姫鵬飛会談（迎賓館） |

出典：石井明・朱建栄・添谷芳秀・林暁光編『記録と考証　日中国交正常化・日中平和友好条約締結交渉』（岩波書店，2003年）などから作成

　中華人民共和国政府は、台湾が中華人民共和国の領土の不可分の一部であることを再確認する。日本国政府は、この中華人民共和国政府の立場を十分理解し、かつ、これを尊重する。

　高島は、「台湾問題はあくまでも平和裡に解決されなくてはならないというのが日本政府の基本的見解である」とも論じた。中国の賠償請求放棄を評価しつつ、「日本が台湾との間に結んだ平和条約が当初から無効であったことを明白に意味する結果となるような表現が共同声明の中で用いられることは同意できない」と高島は伝えた。

　婉曲《えんきょく》な言い回しだが、日華平和条約で台湾が賠償請求を放棄している以上、中国に賠償請求権はないというのが日本の立場である。八一頁で論じたように、対中説明要領を書いたのは部下の栗山だった。

　高島の説明を聞いた姫は、戦争状態の終了や「日台条約」の扱いに難色を示した。「日本側案では、中国人民を納得させることができません」というのである。

　中国案では、「本声明が公表される日に、中華人民共和国と日本国との

間の戦争状態は終了する」、「中華人民共和国政府は、台湾が中華人民共和国の領土の不可分の一部であることを重ねて表明する。（日本国政府は、カイロ宣言にもとづいて中国政府のこの立場に賛同する。）」などとされていた。

前文に「日本国政府は、過去において日本軍国主義が中国人民に戦争の損害をもたらしたことを深く反省する」と盛り込まれたことも、中国案の特徴である。日本側からすれば、国内を刺激する「日本軍国主義」という表現は受け入れ難い。最大の焦点となる台湾問題は、田中・周会談に持ち越された。[3]

外相会談後に大平は、高島、吉田、栗山、橋本の外務省幹部を集め、「戦争の終結」「日本軍国主義」「台湾の領土権」について協議した。[4]

## 第二回田中・周会談――高島条約局長への罵倒

午後二時には、第二回首脳会談が迎賓館で開催された。この日の周恩来は、徹底抗戦の構えを示した。まず周は、昨晩の「ご迷惑」スピーチに不快感を示した。

「田中首相の『中国人民に迷惑をかけた』との言葉は中国人の反感をよぶ。中国では迷惑とは小さなことにしか使われないからである」[5]

その模様を橋本は、「（周総理は）怒《ど》髪天《はってん》をつかんばかりの怒り方だったですからね。大平さんは一瞬蒼《あお》くなっちゃった」と述べる。[6]

**第2回日中首脳会談**　左から二階堂進官房長官，大平外相，田中首相，奥に橋本中国課長の日本側．右に中国側．1972年9月26日

さらに周は、高島条約局長による日華平和条約の説明に反撃した。

日華条約につき明確にしたい。これは蔣介石の問題である。蔣が賠償を放棄したから、中国はこれを放棄する必要がないという外務省の考え方を聞いて驚いた。〔中略〕戦争の損害は大陸が受けたものである。〔中略〕蔣介石が放棄したから、もういいのだという考え方は我々には受け入れられない。

周が反発したのは、台湾が賠償を放棄した以上、中国に賠償請求権がないという高島の論理であった。この問題を日本は法的に考えていたが、中国にとっては面子《メンツ》の問題にほかならない。周は、「これは我々に対する侮辱である」とまで声を荒らげた。

ならば周は、怒りを爆発させただけなのか。そうではない。周は言葉を継いだ。

「田中・大平両首脳の考え方を尊重するが日本外務省の発言は両首脳の考えに背くものではないか」

つまり、「田中・大平両首脳」を高島と区別することで、妥協の余地を残そうとしたのである。

さらに周は、「日米安保条約について言えば、私たちが台湾を武力で解放することはないと思う。一九六九年の佐藤・ニクソン共同声明はあなた方には責任がない」と柔軟な姿勢を示した。「北方領土問題につき、毛〔沢東〕は千島全体が日本の領土であると言った」との外交辞令も忘れない。

これに対して田中は、「共同声明という歴史的な大事業は両大臣の間で話して貰えば、必ず結論に達すると思う」と述べるにとどめた。台湾という難題は、大平に委ねられたのである。[7]

高島を罵倒《ばとう》した周の真意について、同席していた橋本はこう分析する。

一種のブラフ〔こけおどし〕だろうね。「あれは高島の考えであって、まさか、田中、大平両首脳の考え方ではないと私は思う」と周恩来はちゃんと言っているんだから〔笑い〕。高島局長だって事前に大平外相と打ち合わせして外相に代わって発言したんだ。

もちろん田中首相も承知していた。ただ、大平さんがそこで「私も高島と同じ考えだ」と言ってしまっては、交渉がパーになってしまうからね。[8]

周が高島をスケープゴートにしたのは「ブラフ」であって、周は田中や大平から譲歩を得ようとしたというのである。

日本側の日中共同声明案は栗山が執筆したものであり、田中や大平は高島から事前に説明を受けていた。田中、大平、高島の三者に意見の相違はなく、そのことを周は百も承知だったに違いない。それでも周は、責任を高島だけに負わせて決裂を回避しようとした。

周が高島を「法匪《ほうひ》」と罵《ののし》ったかのように伝える文献もあるものの、事実ではない。橋本によると、「周恩来は、それから姫鵬飛も、中国側はいまだかつて、公式にも非公式にも高島条約局長を法匪と呼んだことはまったくないです。これは嘘です」という。[9]

高島は後日、「皆がそう信じてそういっているのを、いまさら否定してみても仕方がないから、黙って放ってあるんだよ」と中江要介アジア局外務参事官に話している。[10]

## 田中の反論

スピーチを酷評された田中は、言い返さなかったのか。日本外務省記録には出てこないが、田中は「ご迷惑」を周に批判されると、その場で言い返していた。田中自身が、次のように述べたと記している。

「ご迷惑をかけたという言葉は、そんな軽々しい内容のものではない。ご迷惑をかけたという日本語の意味は、あなたが解釈しているような、〝ごめんなさい〟という程度のものではない。わたしは、わたしの誠心誠意を込めて、申し訳ないという心情をそのまま表現した。これは巧まずして自然に出た日本人の声なんです。ご迷惑をかけたのはわたしたちなんだ。だからお詫びに出向くのは当然だと思って、自民党内に反対があるにもかかわらず、こうやってわたしが北京へ訪ねてきたんです」

すると周総理は「ウーン」と低くうなっていたが、それ以上の要求は一切しなかった。それだけでなく、わたしがなおも訪中の意義を説明しようとすると、

「わかりました。言葉尻をとってあげつらうのはやめにします。言葉尻ではなくもっと重要な問題があるのだから、そっちへ早く入りましょう」

と話を切り替えてきた。

田中が真意を説明すると、周は納得したというのである[11]。田中の反論については、同席した姫の回想からも確認できる。

田中は、「日本語で『ご迷惑をかけた』とは誠心誠意の謝罪であり、これからは同じ過ちを犯さないので許してほしいという意味である。より適切な言葉がおありなら、あなた方の習慣によって改めてもよい」と釈明した。謝罪問題は解決した。[12]

姫によると、田中が真意を伝えることで、「謝罪問題は解決した」というのである。

張香山も、田中がこう述べたと論じる。

『ご迷惑をおかけしました』という言葉は、日本では心からの謝罪の意を表すもので、今後、二度とそうした過ちを犯さないことを保証し、許してほしいという意味も含んでいる。[13]

その場にいた橋本に確認したところ、「『ご迷惑』発言については、〔田中自身が〕周発言の直後にちゃんとやりましたよ」とのことだった。[14]

田中は弁明し、中国の疑念を晴らそうとしたのである。姫が「謝罪問題は解決した」と回顧していることに鑑みれば、「法匪」神話にも示されるように、メディアが実態以上に騒ぎを大きくしたといえよう。

### 第二回大平・姫会談

午後五時一〇分、二回目となる大平・姫会談が迎賓館一八号楼で開催された。出席者は大平、姫のほか、橋本、張香山、通訳、記録係に限られた。争点は、戦争状態の終了宣言と台湾問題である。戦争状態の終了について、大平は二つの案を提示した。

第一案は、「中華人民共和国政府は、中国と日本国との間の戦争状態の終了をここに宣言する」として、戦勝国たる中国だけが一方的に戦争状態の終了を宣言するものだった。

第二案は、「日本国政府および中華人民共和国政府は、日本国と中国との間に、今後全面的な平和関係が存在することをここに宣言する」のように、戦争の終了時期を明確にしないものである。

これに対して姫は、「戦争状態の終了の問題について、本日、二つの日本側案を頂いたが、中国側としては、時期の問題を極めて重視している」と述べた。姫は、「本声明が公表される日に」戦争状態が終了するという中国案に固執した。戦争状態の終了問題は難航した。

一方の台湾問題に関して、大平は腹案を読み上げた。

「中華人民共和国政府は、台湾が中華人民共和国の領土の不可分の一部であることを重ねて表明した。日本政府は、この中華人民共和国政府の立場を十分理解し、ポツダム宣言に基づく立場を堅持する」

この腹案に姫は、態度を留保している。[15]

もともとの日本案は「十分理解し、かつ、これを尊重する」であり、大平の腹案には「ポツダム宣言に基づく立場を堅持する」が加わったことになる。姫が即答を避けたのは、その意味が呑み込めなかったからだろう。

降伏時に日本が受諾したポツダム宣言第八項は、一九四三年一一月のカイロ宣言を履行すると規定していた。米英中が発したカイロ宣言は、台湾を「中華民国」に返還するとしていたのである。

留保していた中国側がやがて大平の腹案を認めたため、日中共同声明の第三項はこうなった。

中華人民共和国政府は、台湾が中華人民共和国の領土の不可分の一部であることを重ねて表明する。日本国政府は、この中華人民共和国政府の立場を十分理解し、尊重し、ポツダム宣言第八項に基づく立場を堅持する。

二〇字に過ぎない「ポツダム宣言第八項に基づく立場を堅持する」という一節が、交渉を決裂から救い、中国への道を開いたのである。

## 栗山が用意していた腹案

大平の腹案はポツダム宣言に論及したわけだが、一体どこから出てきた発想なのか。橋本は、「これはまさに栗山君が書いたのだ」と語る。[16]

栗山によると、第二回田中・周会談を終えた大平は、「なかなかね、これは君たちの言うとおりにはならんね」と苦笑し、肩を落としていた。高島条約局長も口を開こうとしない。そこで栗山が、「いや大臣、これはにらめっこです」と声を発し、「向こうも正常化を欲している以上、向こうも必死なのです」と進言した。

大平が「うーん」とうなると、栗山は、「先に目を逸《そ》らした方が負けだから、ガッとにらめっこだと思って、頑張ってもらわなくちゃ駄目です」と勇気づけた。

さらに大平が「何か知恵はないの」と問うと、栗山は「良い知恵がないわけではありません」と述べ、上着のポケットから腹案を取り出した。その腹案こそは、「ポツダム宣言第八項に基づく立場を堅持する」にほかならない。大平は、栗山の腹案を持って姫鵬飛との会談に臨んでいたのである。

つまり、大平が姫に示した腹案とは、栗山が条約局で用意していた腹案そのものである。

大平に腹案を進言した経緯について、栗山が回想する。

中国がそれ〔「十分理解し、かつ、これを尊重する」という日本側原案〕を拒否してきたときに、どうするかという対案、というか第二次案なしに北京へ行くのは、非常にリスクがあると思ったわけです。腹案というか第二案が要るということで、〔中略〕まさに文字通り腹案として、「ポツダム宣言第八項に基づく立場を堅持する」という案は私が考えたのです。〔中略〕大平さんは素直に理解されて、本当にポケットに入れて、誰にも見せなかった。〔中略〕台湾返還はその時点ではなっていないけれども、将来のことに日本は異議を唱えませんと解したわけです。

大平は、栗山の腹案をそのまま受け入れていたのである。

日中共同声明第三項となる「十分理解し、尊重し、ポツダム宣言第八項に基づく立場を堅持する」という栗山の腹案は、日本側原案の「十分理解し、かつ、これを尊重する」といかに異なるのか。栗山がこう論じる。

「十分理解し、尊重する」というのは、法律的には何の意味もない文句なのです。〔中略〕台湾が「独立したい」と言い出したときに日本はどうするかについても、「十分理解し、尊重する」では、何もコミットメントがないわけですね。だからこそ私は、中国は呑まないだろうと思ったわけです。

中国が呑まないのであれば、これは色を付ける必要があると思って、その色の付け方をどうするのかということで、考えたのが「ポツダム宣言第八項に基づく立場を堅持する」です。この意味は何かというと、カイロ宣言で台湾は中華民国に返還されるべしということが書いてあって、それをポツダム宣言が引き継いだわけです。〔中略〕そういう意味での「一つの中国」というのに日本はコミットしますよ、ということが、「ポツダム宣言第八項に基づく立場を堅持する」ことの意味です。〔中略〕

日本が台湾独立を支持しないことについて一札取ったということで、周恩来は、これで日本と手を打とうと納得した。〔中略〕

そういう意味で、台湾が中国に返還されることに日本はコミットした。〔中略〕ただし、その裏で、中国側が非常に不満であったけれども理解したことは、台湾が一九七二年九月二九日の時点で中国に返還されていないと日本は考えているということです。〔中略〕ニクソンは上海コミュニケでアクノレッジと言っただけで、レコグナイズ(recognize)したわけではないという立場ですから、日本はそこから先へは行けないわけですね。

すなわち、腹案は日本が台湾独立を支持しないことを意味しており、中国が腹案を容認したのもそのためだと栗山は分析する。

同時に、「台湾が一九七二年九月二九日の時点で中国に返還されていないと日本は考えている」のであり、台湾を中国の一部とする第二原則をそのままに受け入れてはいなかった。日本とすれば中国に対して、統一を目的とする台湾への武力行使を認めていない。栗山によると、統一が平和裡でなければならないのは自明だという。

我々からしますとね、平和的な手段でなければならないのは、実は言うまでもなく当然のことだと思っているわけです。というのは、中国の表向きの法律論は、台湾は中国の一部なのだから、台湾に対する武力行使は国際法上の戦争ではないというものです。

〔中略〕

だけれども、国際的にそういう中国の主張が成り立つかというと、それは多分成り立たないだろうことは、これまた中国は認識しているわけです。したがって、統一が平和的に行われなければならないことは、中国も理解しているわけです。しかし、「そうは言っても……」というのが中国の最後の立場でしたから、例えば台湾が「独立する」と言った場合に中国がどうするのかは分からない。分からないから、そんなことは止めてくれってアメリカは言うし、日本も言い続けなければならないということです。[17]

## 苦悩の夜

一九七二年九月二六日の夜に時間を戻したい。姫鵬飛との会談を終えた大平と橋本は、二階堂と高島を連れて田中の部屋を訪れた。橋本へのインタビューと橋本手記「英雄と英雄の対決」から再現する。

三つの会議をこなした大平は疲れ果て、そして落胆していた。栗山の腹案で台湾問題の解決に望みをつないだとはいえ、戦争状態の終了という難題が残っている。日華平和条約を認めない中国は、日中共同声明によって戦争状態を終了させることに執着した。そのことが大平に重くのしかかっていた。

田中の部屋にたどり着いた大平は、うつろな目をしている。なによりも周恩来の一喝が耳を離れない。田中、大平、二階堂、高島、橋本らが顔をそろえ、料理が運び込まれても、大平は箸に手を伸ばそうとしない。日本代表団は、みな失意の底にあった。

そこに一人だけ、楽しげに振舞う男がいた。田中首相その人である。田中の表情は、なぜか自信に満ちている。大平の不安をよそに、酒豪の田中はマオタイをあおり、「おい、そろそろ飯食おうか」などと話しかけてくる。

しかし下戸の大平は、残された難問が頭を離れない。栗山が腹案を用意していた台湾問題と異なり、戦争状態の終了問題に腹案はなかった。第二回首脳会談で周があそこまで憤激するとは想定外だったのである。ここで妙案を示せなければ、明日にも交渉は決裂しかねない。大平は追い込まれていた。

橋本は、大平の危機感を痛いほど察していた。

「目の前にごちそうがあって、次々並ぶのだけど、大平さんが飯食わんのにね、私らは大平さんの部下だから、飯食うわけいかん。高島条約局長はね、何のためにそういうことになっているかっていうと、自分の発言だっていうことよく知っているからね。彼もこうやって〔下を向いていた〕」

見かねた田中が、意気消沈する高島を陽気に激励した。

「高島君、ご苦労だったな。あれ以上、周恩来が言ったらな、俺はガーンとやり返すつもりでいた。だけどまあな、来たばっかりだし、喧嘩しに来たのじゃないしな。ともかく、飯食ってからまた考えようや」

生真面目な大平が反論した。

「そんなこと言ったって、じゃあ明日からの交渉をどう持って行くのか。一九四五年に日本が無条件降伏して、一九七二年の現在まで戦争していたとでも言うのか」

田中は、なみなみと注がれたマオタイを飲みほし、「大学出たやつはこういう修羅場になると駄目だな」と笑ってみせた。

大平が、「修羅場なんて言うが、明日からどうやってやるのだ、この交渉を」と珍しく感情をむき出しにした。

盟友の反応を予期していた田中は、ニヤリと表情を崩した。

「明日からどうやって中国側に対案を作るかなんて、そんなことを俺に聞くなよ。君らは、ちゃんと大学を出たのだろ。大学を出たやつが考えろ」

田中の言葉に全員が顔を綻ばせ、部屋中が笑い声に包まれた。田中にさしたる見通しはなかったが、首相まで落ち込んでいたら、どん底の雰囲気になっていただろう。腹の据わった宰相の度量が、大平らの心を一気に明るくした[18]。

## 「不自然な状態」という妙案

ようやく食事を喉に通した大平は、橋本だけに目で合図しながら自室に向かった。後を追った橋本が大平の部屋に入ると、大平は、「さてどうするかな」と橋本に問うた。

熱血漢の橋本が、ためらわずに力説した。

「戦後三〇年近く、中国は日本とただの一発も鉄砲を撃ち合ってはおりません。戦争なんていうのは実際にはありません。それを過去の戦争状態というか、平和の状態というか、そんなものは大して重要な問題ではないと思います」

橋本の語気には、外交官離れした迫力がある。うなずく大平に、橋本が膝を進めた。

「一番大事なのは、これから両国民が仲良く隣人同士として、善隣友好関係を築いていく。そのために国交正常化するというのが大筋なので、それは中国だって当然わかっているはずです。だから、なんとか過去の解釈について簡単な言葉で過去を封じ込めるために、『不自然な状態』ということでどうでしょうか」

橋本が主張するように、隣人でありながら挨拶もしない状態は、たしかに不自然といえる。戦争状態という言葉だと互いに譲れなくなるので、「不自然な状態」と表記してはどうかと橋本が提案したのである。

妙案に耳を傾けた大平は、「そうだなぁ、そういうことでやってみるか」と気を取り直した。この日ほど大平が、部下に感謝したことはなかっただろう。

橋本の提言を入れた大平は翌日、「過去の日中関係については、『不自然な状態』ということでどうでしょうか」と姫鵬飛に対案を示した。最終的には、「日本国と中華人民共和国との間のこれまでの不正常な状態は、この共同声明が発出される日に終了する」と共同声明第一項に盛り込まれる。[19]

息を吹き返した大平が、中国の山を越えようとしていた。

# 第8章　尖閣諸島と田中・毛沢東会談

## ――交渉第三日（九月二十七日）

### 非公式外相会談

田中角栄や大平正芳は九月二七日午前、万里の長城と明の十三陵を案内された。[1] 初めて見る景色に田中は上機嫌だった。注目すべきは、大平と姫鵬飛外交部長が往復の車中で行った非公式会談である。車中だけに大平と姫は、日中共同声明について率直に語り合えた。

姫が大使交換の時期について、「何とか期限を明記するよう配慮願いたい」と求めたところ、大平は、『すみやかに』という日本側の表現をお呑みいただきたい」と述べた。

大使交換の期限を明記しようとする姫に対して、大平は「すみやかに」という字句にとどめたい理由を語った。

先ず在台邦人三、八〇〇人の安全の問題があり、台湾側の出方が心配である。次に在京台湾大使館が直ちに断交するのか、更に居座ろうとしているのか先方の出方が全く不明である。但し、もし先方が何時までも引きあげないようであれば断固とした措置をとるので理解してほしい。

大平は、台湾在住邦人の安全確保に配慮したのである。のちの日中共同声明でも、「できるだけすみやかに大使を交換する」とされている。

ここで大平は、中国案の「日本軍国主義」に懸念を示した。

「今次田中総理の訪中は、日本国民全体を代表して、過去に対する反省の意を表明するものである。従って、日本が全体として戦争を反省しているので、この意味での表現方法をとりたい」

一四八頁で論じたように、中国は前文に「日本国政府は、過去において日本軍国主義が中国人民に戦争の損害をもたらしたことを深く反省する」と盛り込もうとしたのだが、大平としては、日本の保守派を刺激するような言葉を避けたかった。

これに姫が、「日本軍国主義」の意図を説明した。

「中国は日本の一部の軍国主義勢力と、大勢である一般の日本国民とを区別して考えており、中国の考えは、むしろ日本に好意的である」

**9月27日の交渉**

| | |
|---|---|
| 8:00～13:00 | 万里の長城，明の十三陵を見学　大平・姫鵬飛非公式会談（車中） |
| 16:10～18時過ぎ | 第３回田中・周恩来会談（人民大会堂） |
| 20:30～21:30 | 田中・毛沢東会談（中南海） |
| 22:10～ 0:30 | 第３回大平・姫鵬飛会談（迎賓館） |

出典：『朝日新聞』1972年９月27日夕刊，石井明・朱建栄・添谷芳秀・林暁光編『記録と考証　日中国交正常化・日中平和友好条約締結交渉』（岩波書店，2003年）などから作成

さらに姫は、「共同声明を今晩、明朝中にも発表出来るように努力したい。ニクソンの時のように上海で発表するようなことはさけたい」と主張した。姫は交渉の妥結を急いでいた。[2]

大平が午後一時二五分に迎賓館へ戻ると、高島益郎条約局長が現れて報告した。午前中に高島らは中国の事務当局と調整を重ねており、「大使交換の期限をつけるかどうか」、「戦争終結についての表現はどうか」、「平和友好条約締結の意図を表明」などに論点を絞り込んでいたのである。[3]

昨日は周恩来に叱責され、忸怩《じくじ》たる思いの高島だったが、田中、大平の留守中にしっかりと役割を果たしていた。

## 第三回田中・周会談――唐突な尖閣諸島への言及

午後四時一〇分、人民大会堂福建庁で第三回田中・周会談が開かれた。周は冒頭で述べた。

「大平先生は過去の歴史に終止符を打ち、日中間の平和友好条約では前向きの日中関係を発展させたいという趣旨を共同声明の中に入れたいと言われた。これに賛成する」

大平・姫会談を受けて、周は昨日から態度を好転させたのである。他方で周は、「過去の歴史から見て、中国側では日本軍国主義を心配している」と危惧も表明した。

これに田中が、「軍国主義復活は絶対にない」と即座に否定した。

周は、「ソ連は核戦争禁止、核兵力使用禁止を提唱しているが、これは人をだますペテンであるから、あばく必要がある」と矛先をソ連に転じた。ソ連との対立は、中国が日中講和を急いだ主因にほかならない。

さらに周が、「ソ連に対する警戒心を失えば、ソ連にやられてしまう」とまで語った。ソ連の脅威を強調し、日本とは妥協したいというのが周の本音だろう。

田中は、「日本の工業力、科学技術の水準から、核兵器の製造ができるがやらない。また一切保有しない」と応じた。

すると田中が、意外な一言を発した。

「尖閣諸島についてどう思うか？　私のところに、いろいろ言ってくる人がいる」

中国が領有権を主張する尖閣諸島について、田中は突如として切り出したのである。外務官僚からすれば、予定外の発言だった。

会場に緊張が走るなか、周は田中をやんわりと制止した。

「尖閣諸島問題については、今回は話したくない。今、これを話すのはよくない。石油が出るから、これが問題になった。石油が出なければ、台湾も米国も問題にしない」

そう告げた周は、「国交正常化後、何カ月で大使（館）を交換するか」と話題をそらした。さらに周は、台湾に論点を転じて会談を終えた。[4]

## 周に救われた田中

田中が唐突に尖閣諸島を論じたのはなぜか。田中とすれば、日本国内の反発を抑えるためにも、尖閣諸島について中国から言質《げんち》を取りたかった。中国や台湾が尖閣諸島の領有権を言い立てたのは一九七〇年代に入ってからであり、日米間でも沖縄返還に際して議論されていた。[5]

自民党外交調査会は一九七二年三月二八日、尖閣諸島が日本領であることを確認した。外交調査会によると、無人島であった尖閣諸島は「国際法の先占の法理」によって、一八九五（明治二八）年一月に閣議決定を経て日本に編入されており、同年五月の下関条約で割譲された台湾や澎湖諸島とは別物だという。

尖閣諸島が沖縄の一部としてアメリカの施政下に置かれたことに、中国は異議を唱えなかった。このため尖閣諸島は、沖縄返還協定によって日本領に復帰したというのである。[6]

しかし、百戦錬磨の周がやすやすと首肯《しゅこう》するはずもない。それどころか、日本が合法的に実効支配する領土について発言したことは、揚げ足を取られかねないものであった。外交の常識からするなら、実効支配している領土に関して自国から発議するのは得策ではない。むしろ失策といえる。田中が尖閣諸島に論及しかけたのは、国内政治の文脈で考えていたからであろう。

したがって田中の発言は、素人的といわねばなるまい。周からするなら、田中の発言を逆手にとり、日本が領土問題の存在を認めたと主張するのは容易だったはずである。周が田中発言を手玉に取っていたら、田中は言質を得るどころか、将来に禍根《かこん》を残した可能性すらある。

だが周は、そうしなかった。周が田中発言を受け流したのは、尖閣諸島を議論すれば収拾がつかなくなると瞬時に判断したからだろう。対ソ戦略を重視する周は、日中共同声明の調印を急いだ。周は頭の回転が速いだけでなく、それ以降のどの中国人政治家よりもステーツマンだった。ステーツマンとは英語で優れた政治家を意味し、並の政治家はポリティシャンと呼ばれる。外交に不慣れな田中は、周に救われたといってよい。

言い換えるなら、中国は日中国交正常化で尖閣諸島について要求せず、日本側の提起を遮《さえぎ》ってすらいた。日韓間の領土問題となっている竹島は日韓国交正常化の過程で言い続けたものであり、尖閣諸島と同列には論じられない。日中間に領土問題はないのである。

会談に出席していた橋本恕によると、周恩来は、「お気持ちはわかりますが、この問題を議論しだしたら、何日かかるかわかりませんよ」と田中を諭《さと》したという。橋本は、田中が尖閣諸島について切り出した意図をこう推測する。

もし日本に帰ったときに、主として右の方から、「なんだ、尖閣の問題も言わずに帰ったのか。中国の言うままになったのか」と批判されないように先手を打っているのだと思う。対中もさることながら、対国内を考えてね。[7]

橋本が尖閣諸島を提起するように進言したことはなく、田中自身の判断で発言したものであった。[8]

## 田中・毛沢東会談という「手打ち式」

田中、大平、二階堂が宿泊先の迎賓館で夕食を口にしていた頃、中国の韓叙《かんじょ》儀典長が橋本を訪れた。

「毛沢東主席が今晩、田中総理とお目にかかりたいと申しております。どなたをお連れになるか、あらかじめ教えて下さればありがたい」

姿を見せずにいた中国最高指導者からの誘いである。

橋本が田中の部屋に飛んでいき、「今晩、毛沢東が総理にお目にかかりたいと言っていますが、どなたをお連れになりますか」と問うと、田中は、「よし、大平を連れて行く」と答えた。大平が「二階堂さんも」と述べたため、田中、大平、二階堂で毛を訪れることになった。緊迫した空気が張り詰めたものの、毛との会見は交渉の妥結を暗示してもいた。[9]

午後八時三〇分、田中たちが中南海《ちゅうなんかい》にある毛の書斎を訪ねると、毛、周恩来、姫鵬飛、廖承志が中山服《ちゅうざんふく》に身を包んで待っていた。外交部顧問の廖は、戦前の早稲田大学に学び、戦後には高碕達之助とLT貿易を推進していた。

田中らと固い握手を交わすと、毛は広々とした書斎に招き入れた。書斎には赤い絨毯が敷き詰められ、壁面は中国の古典で埋め尽くされている。

毛は開口一番、「もう周総理とのケンカはすみましたか。ケンカしてこそ初めて仲よくなるものですよ」と語りかけた。[10]

これに田中が、「いやいや、私どもの会談は大変友好的で、喧嘩はしておりません」と答えた。

毛は、「雨が降って地が固まるということばがあるように、議論したほうが却《かえ》って仲よくなるということもありますよ」と笑みを浮かべた。

毛が話題を転じ、「北京の料理はお口に合いますでしょうか」と尋ねると、田中は、「ここのお料理は大変美味しいから、つい茅台《マオタイ》酒も飲みすぎました」と白い歯を見せた。

さらに毛は、「皆さんがこうして北京にやってくると、全世界が戦々恐々としている。主としてソ連とアメリカという二つの大国だ。彼らは内心穏やかでなくなっており、陰でなにをこそこそたくらんでいるんだろうと考えている」と論じ、「自民党の主力がやらなければ、どうして中日復交問題を解決することができましょうか」と力説した。

毛はソ連を正面の敵と位置づけ、日中国交正常化を突破口として、まだ国交が正常化していないアメリカにも関係改善を促そうとしたのである。[11]

**毛沢東と日本首脳の会談**　左より毛，田中，大平．1972年9月27日

すると毛が、「迷惑の問題はどうなりましたか」と切り込んだ。「迷惑の問題」とは、田中の「ご迷惑」スピーチにほかならない。[12] 穏やかな口調ながら、論争を再燃しかねない発言である。田中とすれば、生きた心地がしなかったであろう。

大平はそのことを察し、「中国側の意見に従って改め、解決しました」と機転を利かせた。日中共同声明に向けて大平は、踏み込んだ謝罪表現に意を決していたのである。[13] 田中によると、「(毛主席は)『ご迷惑の解釈は、田中首相の方がうまいそうですね』と言っていた[14]」。

最後に毛は、注釈の付いた中国の古典『楚《そ》辞集《じしっ》注《ちゅう》』を田中に贈った。

「ここには、私が読みきれないほどの本があります。

私は、毎日好んで本をたくさん読みます。この本のセット《楚辞集注》六巻を指しながら）を田中首相に進呈しましょう」

田中が、「毛沢東主席は、博識深いお方だとは存じ上げておりましたが、しかし、影でこのようなご努力があったとは存じ上げませんでした」と深く礼を述べ、何度も頭を下げた。

毛は慣例を破り、廊下の途中まで田中らを見送っている。[15]

二階堂は、田中・毛会談の意味を「手打ち式だった」と振り返る。

あの会談はいったい何のためだったのかと考えたが、結局、〝迷惑〟論議にはじまった問題を氷解させ、感情的なしこりをなくして、このとき交渉を終わらせるという意味の手打ち式だったな、と思い当たった。[16]

### 毛沢東の威光と四人組

それにしても毛は、なぜ田中に『楚辞集注』を贈ったのか。橋本は、作詩の参考に供するためだったと解する。

田中さんはね、仕事は外務大臣とか事務方に任せちゃったもので、割合に暇があった。北京で。彼はどこまで本気だったか知らんけどね、漢詩を作り出した。それを中国側は誰かから聞いた。それで田中さんが詩を作ったり、詩を勉強するのであれば、これがいいだろうと言って、『楚辞集注』を田中さんに詩を作る参考になるようにということで上げた。〔中略〕

毛沢東は、機嫌はえらいよかったそうだからね。外国から来るお客で毛沢東に会わせるということは、もう大事な話はあらかた全部終わったというくらいに、今回の会談は成功ということでなければね。会談が不調に終わり、喧嘩別れのときには、毛沢東に絶対会わせないのだから。

毛は交渉の表舞台に現れないものの、周の背後から絶大な権力を行使していたはずである。当時の中国政界では、文化大革命で台頭した江青《こうせい》、王洪文《おうこうぶん》、張春橋《ちょうしゅんきょう》、姚文元《ようぶんげん》の四人組が、周と対立していた。

そのなかで毛の役割とは、いかなるものだったのか。橋本が分析する。

毛沢東を頭に担いでおったけど、政治の実務はいわゆる四人組というものがあったでしょ。四人組が実権を持って、滅茶苦茶やっていた時代です。問題が起こると、結局、周恩来がその処理に追われていた。周恩来は日中国交正常化の話を進めるにあたって、田中招待を持ち出したということから始まってね、いろんな問題について、もちろん賠償問題も含めて、ときを見計らって毛沢東にしっかりと報告して承認を取りつけている。これを俺に教えてくれたのは、張香山。

橋本によると、周は賠償問題などの要所で毛の了承を取りつけていた。周と四人組の関係はどうか。

国交正常化問題のやはり始めから最後までね、周恩来がすべて毛沢東に報告して、毛沢東のＯＫを取り、毛沢東の承認を得て日本側と交渉していたわけだ。それを四人組に押し付けたというか、押し付けたというと言葉は悪いですけどね。だから四人組も本当は、この共同声明に対して一言も二言もあった。あったのだけど、全部封じ込めたのは毛沢東の威光を使ってね、そこがやっぱり周恩来、うまいよね、上手だよね。

周恩来は、「毛沢東の威光」によって四人組の反発を封じ込めたというのである。[17]

**第三回大平・姫会談——「責任を痛感し、深く反省する」**

深夜にもかかわらず大平には、気の抜けない交渉が残されていた。同日午後の事務レベル協議を受けて、共同声明の案文をならす作業である。午後一〇時一〇分、橋本と通訳だけを従えた大平は、迎賓館で姫鵬飛外交部長や張香山外交部顧問との会談に臨んだ。

大平が、「本日の話し合いは夜の仕事になりました」と話しかけると、姫は、「私は夜の仕事に慣れている方です」と応じた。万里の長城を同じ車で往復した二人の息は合っていた。

論点として姫は、「日本側の反省表明」、「戦争状態終結に関する問題」、「平和友好条約の締結」などを挙げた。

中国側原案は「反省表明」について「日本軍国主義」という表現を用いていたが、日本は認めなかった。「戦争によってもたらされた苦しみと損害に対し深く反省の意を表明する」というのが、日本側の案文である。

そこで姫が、「重大な損害の責任を深く反省する」を提案した。「日本軍国主義」を除いた代わりに、中国は「責任」を盛り込もうとしたのである。大平は「責任」という言葉を受け入れ、「重大な損害を与えたことについての責任を痛感し、反省する」という表現でまとめた。

他方で姫は、「戦争状態の終結」を前文に入れつつ、第一項に「極めて不正常な状態は終了する」との字句を用いることを提案した。「戦争終結の時期について、中日双方がそれぞれ異なった解釈を行ないうる余地が生じる」ことを容認したのである。

大平が、「日本側の意向をお含み頂き感謝する」と語り、「極めて不正常な状態」を「これまでの不正常な状態」に修正させた。

さらに姫は、「交渉を通じて平和友好条約を締結することに合意した」という案を示した。これに大平が、「本問題は国会マターである」ので、「国会に対して大変出過ぎたことをした、との印象を与えないような表現が望ましい」と主張した。大平は、「平和友好条約の締結を目的として交渉を行なうことに合意した」と条文を直している。

そのほか大平と姫は、復交三原則や賠償請求放棄、各種協定締結の文言についても仕上げを急いだ。これが最後の外相会談となった。[18]

謝罪、戦争終結、平和友好条約といった難題が、ようやくここに決着した。謝罪については、中国の主張する「日本軍国主義」という言葉が退けられ、「日本側は、過去において日本国が戦争を通じて中国国民に重大な損害を与えたことについての責任を痛感し、深く反省する」と日中共同声明の前文に盛り込まれる。

明確な謝罪に踏み込んだ大平の心境について、橋本はこう振り返る。

大平さんという人は、やっぱり中国に対するギルティ・コンシャスネスがあって、本当に中国にご迷惑かけたと思っている人だから、大平さんには、もちろんこういう考えがあったですね。中国に対する「責任を痛感し、深く反省する」というのは大平さんと、私も「ここまで言わなければ中国が収まらんでしょうな」なんていうことを言った記憶があるので、二人の合作ということで一番正確なのではないかと思います。[19]

その大平が、「日本軍国主義」という表現を回避したのはなぜか。外相秘書官の森田一は、「タカ派がカチンとくるような言葉をできるだけ避けることの方が重要だったのです。大平は、『軍国主義』の話ではいろいろ悩んでいました」と論じる。大平は帰国後の展開を予見して行動したのである。[20]

大平と橋本が席を立ったとき、時計の針は真夜中の零時三〇分を指していた。さらに橋本や栗山らは、深夜にもかかわらず共同声明の文言を粛々《しゅくしゅく》と整え始めた。北京三日目の夜が、どこまでも更けていった。

# 第9章　日中共同声明と日台断交
## ――交渉第四～六日（九月二八～三〇日）

### 第四回田中・周会談

九月二八日、交渉が大詰めを迎えようとしていた。翌日には上海訪問が組まれている。最終となる第四回田中・周会談で、台湾問題に決着をつけねばならない。田中角栄、大平正芳、周恩来らは、午後三時に迎賓館の席に着いた。

周が「今日は台湾問題を話し合いたい」と述べると、大平は単刀直入に「いよいよ明日から、日台間の外交関係は解消される」と言い切った。

さらに大平は、用意していた文章を読み上げ始めた。

「台湾と我が国との人の往来や貿易はじめ各種の民間交流については、政府としては、これが正常な日中関係をそこねない範囲内において行われるかぎり、これを抑圧できない」これ

### 9月28日の交渉

| | |
|---|---|
| 15:00〜16:50 | 第4回田中・周恩来会談（迎賓館） |
| 18:30〜 | 田中主催答礼夕食会（人民大会堂） |

出典：石井明・朱建栄・添谷芳秀・林暁光編『記録と考証　日中国交正常化・日中平和友好条約締結交渉』（岩波書店，2003年）などから作成

大平は日台間に民間交流の余地を残そうとしており、「民間レベルの事務所」設置に「中国側の御理解を得たい」と主張した。

橋本恕によると、難しい顔で大平発言を聞いていた周は、「わかっているから心配するなという表情で、うなづ《ママ》いた」。周は日台民間交流を認めたのである。

それどころか周は、「日本側から、主導的に先に台湾に『事務所』を出した方が良いのではないか」と促し、「田中・大平両首脳の信義に感謝する」と評価した。

周が、「今後は日中間に新しい関係を樹立して行きたい」と語ると、田中は、「我々は異常な決心を固めて訪中した。明日の大平大臣の記者会見で、台湾問題は明確にする」と応じた。[1] 夜六時三〇分からは、田中主催の答礼夕食会が人民大会堂で行われた。[2]

交渉が妥結し、明日の調印式と記者会見を残すだけとなったとき、栗山尚一条約課長は東京の本省に電話した。日中共同声明に誤りがないか、読み合わせるためである。ところが電話には、妙な雑音が入ってきた。栗山は盗聴されたと述べる。

北京の迎賓館に我々一同は泊まったわけですね。ですから、もう完全に向こうは自由自在に盗聴できるようになってるわけですね。最後に共同声明の案文が確定して、それを東京と北京で読み合わせをしたのです。最終的に一言一句間違いがないように。それで担当官が読み合わせをやっていたら、やっぱり雑音が入ってなかなか聞こえないのですよ。それで、「聞こえないな」、「うるさいなこれ」と言ったら、とたんによく聞こえるようになった。[3]

### 蔣介石宛て田中親電

調印を数時間後に控えた九月二九日早朝、日本は台湾に日中共同声明を事前通告した。通告は慎重を期して、台北と東京の二ヵ所で行われた。台北では宇山厚大使が外交部で日中共同声明を言い渡し、蔣介石宛て田中首相親電も伝えている。[4]

宇山が通知した田中の親電とは、次のようなものだった。

本日日本国政府と中華人民共和国政府との共同声明によつて、両国間に外交関係が樹立される運びになりましたが、私はここに、過去二十余年間　蔣総統がわが国及びわが国民に示された、深い御理解とあたたかい御配慮に衷心感謝の意を表するとともに、貴国民と日本国民の間に長年にわたつて培われた友誼の精神は、わが国国民が閣下によせる深い尊敬の念とあいまつて、今後共両国民を結ぶきずなとして変らざるものであることを切に祈念する次第であります。[5]

東京では法眼晋作外務次官が午前九時、彭孟緝駐日台湾大使を呼び出した。法眼は、日中共同声明の内容を告げるとともに、田中親電が台北で宇山大使から発せられていることも通達した。[6]

法眼は、「今回の国交正常化によりわが国と中華民国との外交関係を維持し続けることはできなくなった」と述べた。

彭が「外交関係の断絶通告か」と問うと、法眼は、「『断絶』という言葉は使いたくないが、国交正常化の当然の帰結として日華間の外交関係は維持し得なくなる」と答えた。

彭は、「共同声明は日華平和条約にふれていない」と食い下がった。

そこで法眼は、「共同声明発表直後に予定されている外相談話の日華平和条約関係部分」を説明した。日中共同声明の調印後に、大平が日華平和条約の終了を宣言するというものである。

さらに法眼は、「日華間の外交関係はなくなるけれども、両国間の実務関係はこれを続けたい」、「国府側においても在留邦人の生命財産の保護に配慮願いたい」と要請した。

最後に彭が、「三年余りの滞日中、日本政府、外務省、並びに日本の友人が示された御親

**9月29日の交渉**

| | |
|---|---|
| 早朝 | 宇山駐台湾大使が日中共同声明について台湾に事前通告，田中親電を伝達 |
| 9:00 | 法眼次官が彭駐日台湾大使に日中共同声明を事前通告 |
| 10:20 | 日中共同声明に調印 |
| 12時頃 | 大平談話 |
| 14:30 | 田中，周恩来らが特別機で北京空港発 |
| 15:30 | 上海空港着，馬橋人民公社を見学 |
| 19:00 | 上海市革命委員会主催の歓迎会 |

出典：『朝日新聞』1972年9月29日夕刊などから作成

切に深く感謝する、特に次官には大変御世話になった」と語った。

法眼は、「国家関係如何にかかわらず、個人的友情には変りはない」と結んだ。緊迫した応酬を終えると、法眼と彭は静かに微笑んで離れ去った。[7]

このように日本は、日中共同声明を台湾に事前通告するとともに、田中首相の親電を蔣介石宛てに発した。田中が北京にいるにもかかわらず、いつの間に田中親電が作成されたのか。

当時、外務省で中国課首席事務官だった小倉和夫によると、田中訪中の直前に、橋本や小倉が中国課で田中親電を用意していたという。今回は安岡正篤の手が加わることはなく、台北の日本大使館には、田中親電をあらかじめ送っておいた。日中国交正常化が確実になると、北京の日本代表団に確認したうえで、台北の宇山大使に親電を執行させたのである。

親電の意図について、小倉はこう語る。

交渉が終わって国交正常化となれば、その時点で台湾に対して通告し、国交は切れますが、今後は邦人保護をよろしくということも含めて、ご挨拶をするのは当然であろうということですね。外交関係は断絶しても、貿易や人の往来は続くということが親電に入ってなくてはいかんということでした。

〔台湾が〕貿易関係を一切断絶するとか、邦人に危害を加えるとか、そういうことはないと思いましたね。というのは、北京と台北の関係が逆転したわけですから。逆転するまで中国とやっていた程度のことが、台湾とできないことはありえないと感じていました。[8]

## 日中共同声明調印式

台北で田中親電が伝えられた頃、北京の人民大会堂西大庁では、調印式の準備が進んでいた。

赤い絨毯が敷き詰められた会場はシャンデリアに照らし出され、大きな屏風を背にして長い机が置かれた。机には緑のテーブルクロスがまとわれ、その中央に日中の国旗が小さく飾られている。そこに赤紫の椅子が四つ並べられた。

机と屏風の間には、高島益郎、吉田健三、橋本恕、栗山尚一、孫平化、張香山、王暁雲らをはじめ、熾烈な交渉を重ねた当事者たちが続々と立ち並んだ。

**日中共同声明に署名する田中（左前）と周恩来（右前）** 日本は中国の承認国となり国交が正常化した．1972年9月29日

午前一〇時二〇分、田中と周が姿を現し、大平と姫鵬飛が続いた。田中と大平は向かって左、周と姫は右に着席した。代表団や報道陣たちに見守られながら、まず田中と周、次いで大平と姫が筆を執った。

田中と周が毛筆で記名する姿は対照的だった。ロを真一文字に結んだ田中はするりと筆を運ぶが、周は右手の指全体で筆を抱え込むようである。日中戦争期に痛めた周の右腕がゆっくりと名前を刻み、日本への扉を押そうとしている。

署名を終えた田中と周は、立ち上がって共同声明の正文を交換した。二人は固く手を取り合うと、すぐには離れようとしない。日本が七九番目の中国承認国となった瞬間であった。

共同声明は、前文と九項目から成っていた。戦争終結問題については前文で、次の文言に落ち着いた。

両国国民は、両国間にこれまで存在していた不正常な状態に終止符を打つことを切望している。戦争状態の終結と日中国交の正常化という両国国民の願望の実現は、両国関係の歴史に新たな一頁を開くこととなろう。

謝罪も前文に明記された。

日本側は、過去において日本国が戦争を通じて中国国民に重大な損害を与えたことについての責任を痛感し、深く反省する。また、日本側は、中華人民共和国政府が提起した『復交三原則』を十分理解する立場に立って国交正常化の実現をはかるという見解を再確認する。中国側は、これを歓迎するものである。

本文の九項目は、以下の通りである。

一 日本国と中華人民共和国との間のこれまでの不正常な状態は、この共同声明が発出される日に終了する。

二 日本国政府は、中華人民共和国政府が中国の唯一の合法政府であることを承認する。

三 中華人民共和国政府は、台湾が中華人民共和国の領土の不可分の一部であることを重ねて表明する。日本国政府は、この中華人民共和国政府の立場を十分理解し、尊重し、ポツダム宣言第八項に基づく立場を堅持する。

四　日本国政府及び中華人民共和国政府は、千九百七十二年九月二十九日から外交関係を樹立することを決定した。両政府は、国際法及び国際慣行に従い、それぞれの首都における他方の大使館の設置及びその任務遂行のために必要なすべての措置をとり、また、できるだけすみやかに大使を交換することを決定した。

五　中華人民共和国政府は、中日両国国民の友好のために、日本国に対する戦争賠償の請求を放棄することを宣言する。

六　日本国政府及び中華人民共和国政府は、主権及び領土保全の相互尊重、相互不可侵、内政に対する相互不干渉、平等及び互恵並びに平和共存の諸原則の基礎の上に両国間の恒久的な平和友好関係を確立することに合意する。

両政府は、右の諸原則及び国際連合憲章の原則に基づき、日本国及び中国が、相互の関係において、すべての紛争を平和的手段により解決し、武力又は武力による威嚇に訴えない

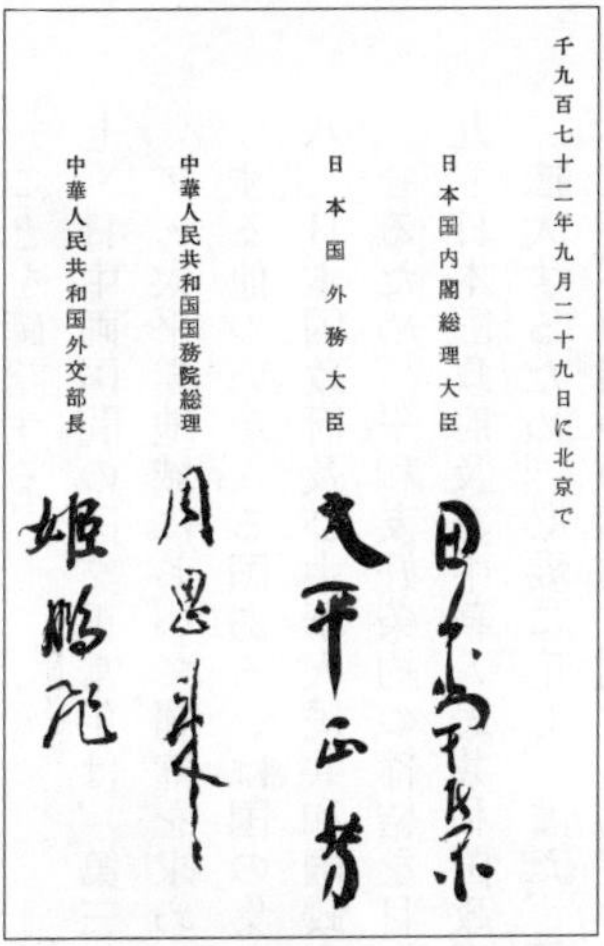
千九百七十二年九月二十九日に北京で
日本国内閣総理大臣
田中角栄
日本国外務大臣
大平正芳
中華人民共和国国務院総理
周恩来
中華人民共和国外交部長
姫鵬飛

**日中両国首脳の署名**
出典：「日本国政府と中華人民共和国政府の共同声明」1972年９月29日（情報公開法による外務省開示文書，2009-258）

ことを確認する。

七　日中両国間の国交正常化は、第三国に対するものではない。両国のいずれも、アジア・太平洋地域において覇権を求めるべきではなく、このような覇権を確立しようとする他のいかなる国あるいは国の集団による試みにも反対する。

八　日本国政府及び中華人民共和国政府は、両国間の平和友好関係を強固にし、発展させるため、平和友好条約の締結を目的として、交渉を行なうことに合意した。

九　日本国政府及び中華人民共和国政府は、両国間の関係を一層発展させ、人的往来を拡大するため、必要に応じ、また、既存の民間取決めをも考慮しつつ、貿易、海運、航空、漁業等の事項に関する協定の締結を目的として、交渉を行なうことに合意した。[10]

**大平談話——日華平和条約の終了宣言**

調印式を終えた会場には、シャンパンが運び込まれた。周がのけぞるように一気飲みして見せると、田中も負けじと杯をあおった。[11] 田中はそこで役目を終えたが、大平には重要な責務が残されていた。台湾との断交声明である。

大平は余韻にひたる人民大会堂を抜け出し、二階堂とともに北京民族文化宮のプレスセンターに直行した。大平は日中共同声明の内容を説明し、記者団に決然とこう述べた。

**日中共同声明調印直後の記者会見**　この場での大平談話で日華平和条約は破棄された．両脇，左に大平外相，右に二階堂官房長官．1972年９月29日

共同声明の中にはふれられていないが、日中関係の正常化の結果として、日華平和条約は存続の意義を失い、終了したものと認められるというのが日本政府の見解である。[12]

つまり大平は、日中国交正常化によって日華平和条約が失効したというのである。敗戦国からの一方的な条約破棄は、きわめて異例といわねばならない。いわば条約の終了宣言である。断交という言葉こそないが、明らかに大平談話は台湾との外交断絶を意味していた。記者団は満場騒然となった。[13]

大平談話について日経連代表常任理事の桜田武は、「大平の日華条約破棄は前代未聞のことだ。敗戦国民が戦勝国民との条約を一方的に破棄することなど聞いたことがない」と大平秘書の伊藤昌哉に語った。[14]

日華平和条約の扱いは日中共同声明に明記されず、大平談話によって廃棄された。栗山によると、「大平外務大臣の一方的声明により日華平和条約の終了を確認することについては、事前に中国側に内報したのであるが、これに対し、先方から何らの異議も提起されなかった」。その時点まで日華平和条約は有効だったことになり、中国も暗に日本の立場を認めていた。

大平談話は、外務省が内閣法制局と検討を重ねた結果でもあった。栗山は、「政府承認の変更に伴って不可避的に生じる随伴的効果による日華平和条約の実体規定の終了については、中華民国政府との合意を必要とせず、また、国会の承認も要しない」と判断していた。[15]周恩来が掲げた復交三原則の第三原則において、日華平和条約は不法であり破棄されるべきだと位置づけられていた。それでも日本は、日華平和条約が合法だったとの主張を曲げなかったのである。栗山はこう論じる。

中国はもちろん、三原則を掲げていたわけで、三原則が前提だといって頑張っていたわけですけれども、できあがった共同声明を見ると、第二原則も第三原則も中国が前提だといっていたものとは違う形でできたわけです。

中国側が譲歩したといえるかもしれませんけれど、もともと中国がどういうふうに考えていたのだろうか、ということを私なりに考えてみたいと思います。基本的にはっきりしていたことは、中国は相当フレキシブルに三原則を扱ってでも、日本と国交正常化をすることが大きな意味での中国にとっての戦略的利益だと考えていたということです。

一見すると原則重視の中国外交だが、対ソ戦略という大きな国益のために柔軟性を示したのである。

台湾は中国領の不可分な一部であるという中国の第二原則についてはどうか。日中共同声明の第三項には、「中華人民共和国政府は、台湾が中華人民共和国の領土の不可分の一部であることを重ねて表明する。日本国政府は、この中華人民共和国政府の立場を十分理解し、尊重し、ポツダム宣言第八項に基づく立場を堅持する」と記された。

第三項に結実する台湾問題に関しても、栗山の説明が権威ある解釈となろう。

周恩来が非常にはっきり理解していたであろうことは、台湾をめぐる問題、これは安保問題しかり、台湾の法的地位の問題しかりなのですが、日中国交正常化をやろうとすれば、この問題で日本を説得することはできないということです。台湾が中華人民共和国の不可分の一部だという中国の主張を日本に呑ませることはできない、安保とのからみで説得できないということは、周恩来は分かっていたと思うのです。これはアメリカと話さなければ絶対に片付かない問題で、アメリカがウンと言わないものを日本がウンと言うはずがないということは、周恩来は非常によく認識していた。

現状として台湾が中国の一部になっているとは見なされず、日米は安保条約の適用範囲内と解しており、周もそれを認識していたというのである。台湾について日本としては、「一九六九年の佐藤・ニクソン共同声明に書かれているようなことをひっくり返すような形で日中国交正常化はしません」ということが大前提だった。[16]日本からすると中国の第二、第三原則を承認したわけではないし、周もその点を理解していた。他方で『人民日報』は国内向けに、中国の復交三原則がそのまま認められたかのように社説で論じた。[17]中国が対日交渉と国内宣伝を使い分けたこともあり、台湾問題が将来的に顕在化する可能性は残されたのである。

## 上海

田中と大平は、交渉を終えて車に乗り込んだ。空港へと向かう車列には、周も同行している。周は田中、大平とともに、北京空港経由で上海を訪れようとしていた。

すると沿道には、意外な光景が待ち受けていた。往路では警官しかいなかった道に老若男女があふれ出て、田中や大平の車列を祝福したのである。わずか数時間前に調印された共同声明の詳細を知らされぬまま、中国の群衆は政治的に動員されていた。

その模様を車列の一行は、複雑な気持ちで窓越しに眺めていた。栗山が振り返る。

中国というのは「すごい国」だと思いましたね。「すごい国」というのは悪い意味ですけどね。全体主義の国のシステムをつくづく思い知ったのです。〔中略〕北京の飛行場までの沿道に大変な数の群衆が出てきて、そして旗を振っている。同乗している中国の政府の人は、人民が正常化を歓迎して、祝意を表しているのだと説明するわけです。〔中略〕これが中国だと私は感じました。ちょっと、戦前の日本のようにも感じました。政府の権力で、これだけ国民が出たり入ったりできる国はすごいな、そんな国にはなりたくないと思ったのが、そのときの中国のイメージですね。[18]

北京空港に到着すると、両国の国歌が演奏され、さらにマーチが鳴り響いた。しかも小中学生、労働者、農民たちが花や布を打ち振り、太鼓を鳴らし、笛を奏でている。空港の雰囲気は、四日前の到着時と一転していた。三〇〇〇人の民衆から「歓送、歓送、熱烈歓送」の声が湧き上がると、田中は手を高く上げて応えた。北京駐在の各国大使も顔をそろえている。[19]喜びの表情に満ちた田中と周、大平が歩みを進め、色とりどりの衣装をまとった少女たちが華やかに舞い踊る。田中らは午後二時半過ぎ、足どりも軽やかに特別機のタラップを登った。[20]

特別機の行き先は上海であり、しかも周が同乗していた。上海行きを強く希望したのは周だった。上海は四人組の一拠点であったため、そこを周はなだめたかった。ところが、せっかちな田中は、すぐに帰国したいと言いだした。「いやだ」とごねる田中を大平が説得すると、周が同席してくれたのである。[21]

日中の首脳を乗せた特別機が北京空港を飛び立つと、過労気味の田中は周の目前で寝入ってしまった。[22]二階堂が「おこしましょう」と焦ると、周は、「二階堂さん、寝かしておきなさい」と笑みを浮かべた。[23]

目のやり場に困る雰囲気となったとき、その場を救ったのは大平だった。大平が周の話し相手になり、さりげない心配りをみせたのである。大平のほうが過密日程だったはずだが、「父は気まずくてあれこれ気を使ったと振り返っていました」と長女の芳子は語る。[24]田中が眠りから覚めたとき、特別機は上海に滑り降りていた。

午後三時三〇分、田中や周が上海空港に立つと、北京空港を上回る数の民衆が待ち構えていた。赤旗数百本が林立し、小中学生が口々に「熱烈歓迎、日本賓客」と歌いながらマスゲームを展開している。出迎えた張春橋上海市革命委員会主任たちと握手した田中らは、上海市郊外にある馬橋人民公社の見学に向かった。張は四人組の一人であり、上海を拠点としていた。周は上海で事態が紛糾しないように努めた。[25]

首相秘書官の木内昭胤は、周の姿を鮮明に記憶している。

周恩来が偉いと思ったのは、四人組の牙城《がじょう》ですよね、張春橋という大物がいて、その顔を立てる。周恩来が田中さんを張春橋に紹介して、張春橋が上海ではナンバー1として、周恩来は後ろから庇《かば》うようにして付いていく。周恩来というのは、国内政治家としても国際政治家としても大変なものだと思います。[26]

周は張に花を持たせたのである。

夜になると、張の上海市革命委員会が歓迎会を開いてくれた。宴席のメインテーブルでは、周がマオタイを注いで回った。田中は連日の疲れが出て珍しく酔ってしまい、拍手のなかを周に抱きかかえられるように退出した。[27] 大平もこの日は格別にうれしかったためか、飲めない酒を何杯も口にし、「ホテルに帰ったら倒れるようにワイシャツ姿のまま寝てしまった」[28]。

## 台湾政府の対応

田中と大平が上海でベッドに転がり込んだ頃、台湾政府外交部が午後一〇時三〇分に対日断交を宣言した。

日本総理田中角栄と中共匪偽政権頭目は「共同声明」を発表し、双方が本年九月二九日から外交関係を樹立すると宣言して、日本外務大臣大平正芳は日華平和条約と日華外交関係がこれで終了したと表明したのである。

これら条約義務を顧みない日本政府による背信不義の行為に鑑み、中華民国政府は日本政府と外交関係を断絶すると宣布し、その責任が完全に日本政府にあることを指摘する。

断交宣言までは予想されたことであり、台北の日本大使館は最後のくだりに注目した。

中華民国政府は、田中政府の誤った政策によって、蔣総統の厚徳に対する日本国民の感謝と敬慕が影響されないと深く信じており、すべての日本の反共民主人士に対して、我が政府は依然として友誼を保持し続ける。[29]

断交後も台湾政府は、日本の民間と「友誼を保持し続ける」というのである。注視していた伊藤博教公使は、深夜にもかかわらず東京に電話し、中江要介アジア局外務参事官にそのことを伝えた。中江はこう回想する。

日中国交正常化の際、最終的に台湾がどう出てくるのかが一つのポイントでした。日本が正常化した時に、それに対して台湾がどうコメントするか、どんな措置をとってくるのか懸念しました。おそらく日本に対して断交の宣言はするとしても、さらに日本の船を撃沈したり、日本人の財産を押さえたり、日本人を抑留したり、そういう事態になる可能性もあるのではないかと少なからず心配していました。そう思って固唾《かたず》を呑んで待っていたところに、伊藤さんが電話でそのようにおっしゃられたので、内心これで助かったと思いました。[30]

台湾の日本人は外出を避けて息を潜めていたが、報復は行われなかった。[31]

## 帰　国

九月三〇日早朝、田中や周の車列が上海空港に現れると、約五〇〇〇人の群衆が歌や踊り、どら、太鼓で別れを惜しんだ。大小の提灯が振られるなか、田中は、着飾った子供たちや民族衣装の女性たちに右手を上げた。空港は、熱狂的な歓送風景に包み込まれている。

別れ際に周が、「お帰りになったら、天皇陛下によろしくお伝え下さい」と述べると、田中は、「必ず伝えます。本当にありがとう」と約束した。[32]

特別機のタラップを上がった田中と大平は、何度も群衆に手を振り、周に頭を下げて機内に消えた。「中日両国人民の友誼万歳」という赤い横断幕に見送られながら、特別機は九時三〇分に滑走路を発った。[33]

田中らが午後一時前に帰国すると、三木武夫副総理や椎名悦三郎副総裁が羽田空港で待っていた。社会党の成田知巳委員長、公明党の竹入義勝委員長、民社党の春日一幸委員長も、空港で田中に握手を求めた。超党派の出迎えは八〇〇人を超えており、空港を見下ろす送迎デッキには「田中総理万歳」の文字が躍っている。[34]

マイクに向かった田中は、立ち並ぶ群衆に挨拶した。

ただ今、中国訪問から帰って参りました。私は、大平外務大臣、二階堂官房長官と共に、日中国交正常化の為に、国益を踏まえ、微力を致して参りました。この重大な使命が達成されましたことは、ひとえに、国民各層の御支援の賜物であったと信じております。[35]

田中の目には、かすかに涙が浮かんでいる。「万歳」の声を浴びた田中らは、すぐに車に乗り込むと、皇居での帰国記帳に足を運んだ。[36]

## 自民党両院議員総会

田中と大平は、首相官邸で記者会見を済ませ、[37]午後四時二〇分には自民党本部の両院議員総会に臨んだ。[38]田中は、「帰ったら直ちに党本部に入るから、議員を集めておけ」と連絡しておいたのである。

自民党議員たちが九階の講堂に集まると、そこへ田中と大平が颯爽と入ってきた。特別機で羽田空港に着いた三時間後のことである。[39] 田中は訴えた。

国交は昨日をもって開かれ、これから党、政府一体となり、事後措置などをやらねばならない。これから悠久の平和のためになさねばならぬことが多くある。これを党、政府一緒に、国民の皆さんと一緒になってやりたい。了承をえられたく思う。

大平は日中共同声明を説明し、台湾に関する第三項を論じた。

第三項目は、台湾の領土権の問題で、中国側は「中華人民共和国の領土の不可分の一部」と主張したが、日本側はこれを「理解し尊重する」とし、承認する立場をとらなかった。つまり、従来の自民党政府の態度をそのまま書き込んだわけで、両国が永久に一致できない立場を表わした。

いつもながら、論理的に説明するのは大平である。台湾について大平は、「外交関係が断たれても、その実務関係は尊重していかねばならないと思う」とも語っている。

すると藤尾正行が批判の口火を切った。

中華人民共和国との国交をえた代りに、台湾との断絶をもたらし、これまでの不正常に匹敵する緊張を生み出した。外電によれば、東南アジア、太平洋諸国はその影響に不安を感じているという。

渡辺美智雄も、台湾との断交を問題視した。

日華平和条約を廃棄するなら、まず自民党内を一本化して、承認させるべきだ。また条約は国会で批准したものであり、その廃棄は国会に承認させるべきだと思う。外相発言で条約を廃棄できるなら、日米安保条約もいつでも廃棄できることになる。

これには大平が、「日華平和条約については、日中国交正常化の結果、働く余地がなくなった。どう考えてもその基盤が失われたと言わざるをえないわけで、正直に言ったまでだ」と反論した。

なおも玉置和郎が台湾問題を追及し、浜田幸一や中山正暉が日華平和条約の廃棄を憲法違反だと突き上げると、大平はこう断じて閉会にした。

私の一言で条約が生きるとか死ぬとか言える権限はない。私は「日中国交正常化の結果、日華条約が働く余地がなくなった」と言っているのだ。憲法九十八条は働く条約〔締結した条約及び確立された国際法規〕について忠実に守るべきだということだ。これについて国会に判断を求めなければならないとは考えない。[40]

大平がそう説得できたのも、田中の威厳を背にしていたからである。首相秘書官の木内は、田中、大平と台湾派議員の攻防をこう描写する。

右派議員の突き上げで机をひっくり返さんばかりの雰囲気で、怒号が飛び交うわけですよね。「何をしてくれたのだ」と。台湾派の日本の議員も崖から突き落とされたようなものですから、彼らがカッカするのもわかります。私は後ろの席で見ていたのですが、そこは〔田中と大平が〕よく堪《こら》えて立ち向かっていましたよ。国会の乱闘なんていうものじゃなくて、もっときついものでした。そういうのはやっぱり、太平さんだけでは無理だったかなあと思います。田中さんというつっかえ棒がなかったら、そこまではやれなかった。[41]

予定時間をはるかに超過した両院議員総会に終止符を打つと、田中や大平は夜一一時ごろまでテレビに出演した。[42]

## 「基本的には、中国の国内問題」

久々に事務所に戻った田中は、「周恩来は世界一の政治家だよ」と土産話に花を咲かせた。田中は訪中前から、「中国の次はソ連だ、ソ連だよ」と語っていた。[43]

田中は一〇月一八日、インガソル駐日アメリカ大使夫妻らが列席する日米協会でスピーチし、あらためて対米基軸を強調した。

私は、約半月前に大平外務大臣とともに北京を訪問し、日中国交正常化を実現いたしました。私どもは、これに先立ち、ハワイにおいてニクソン大統領以下米国政府の首脳と中国問題に関し率直に意見を交換し、相互間に理解を深めました。日中国交正常化は、日米間の友情のきずなの下に進められたものであります。私は、この機会を借りて、日米友好関係の堅持が依然として日本の外交の基軸であり、これと両立する形で、日中間の関係を今後展開して行く考えであることを明らかにしたいと思います。[44]

一方の大平は一〇月六日、内外情勢調査会で日中国交正常化について演説し、「サンフランシスコ体制をふまえてやった」と強調した。「この〔サンフランシスコ〕体制はこのまま堅持するのだということ、そこに何ら疑点を持たずに、後顧《こうこ》の憂いを持たずに日中和解に専心できた」と力説したのである。[45]

日中国交正常化は、超党派的な支持を得ていた。それでも野党からは、一一月二日の衆議院予算委員会における石橋政嗣社会党書記長のように、日米安保条約の極東条項と日中共同声明の関係を疑問視する声も上がった。[46]

日米安保における極東の範囲を問われた田中は、「フィリピン以北、日本を中心にした周辺地域ということでございまして、〔中略〕政府の極東の範囲というものに対する常識的解釈は、従前どおりで間違いはない」、「台湾は極東の範囲というものに入ります」と石橋に答えている。[47]

さらに大平が一一月八日、衆議院予算委員会で台湾問題を答弁した。

わが国は、台湾が中華人民共和国の領土の不可分の一部であるとの中華人民共和国政府の立場を十分理解し、尊重するとの立場をとっております。したがって、中華人民共和国政府と台湾との間の対立の問題は、基本的には、中国の国内問題であると考えます。わが国としては、この問題が当事者間で平和的に解決されることを希望するものであり、かつ、この問題が武力紛争に発展する現実の可能性はないと考えております。[48]

大平が「基本的には、中国の国内問題」と述べたことについて、栗山はこう論じる。

当事者間の話し合いの結果台湾が中華人民共和国に統一されるということであれば、日本政府は当然これを受け入れるのであって（それが共同声明の意味である）、平和的に話し合いが行われている限りにおいてはこれは中国の国内問題であるということである。しかし、万々が一中国が武力によって台湾を統一する、いわゆる武力解放という手段に訴えるようになった場合には、これは国内問題というわけにはいかないということが、この「基本的には」という言葉の意味である。[49]

つまり、武力による統一までは容認していないことが、「基本的には」の含意《がんい》だというのである。

大平は一〇月一〇日から二五日にかけて、オーストラリア、ニュージーランド、アメリカ、ソ連を歴訪した。ニクソン大統領は日中国交正常化の説明を聞き入れたものの、[50] ソ連は日中共同声明第七項の「反覇権」を反ソ条項と批判した。このため大平は、ソ連でブレジネフ書記長と会えなかった。[51]

大平の歴訪後、オーストラリアとニュージーランドは一二月に中国と国交を樹立し、マレーシアやタイがこれに続いた。韓国が提唱し、反共的傾向の強かったアジア太平洋協議会、つまりＡＳＰＡＣ（Asian and Pacific Council）は自然消滅した。[52] 日中国交正常化はアジア太平洋地域に緊張緩和をもたらしたのであり、その後の日中航空協定締結でも大平が重要な役割を担う。

同様に愛知揆一元外相がタイ、マレーシア、インドネシア、シンガポール、フィリピンを訪問し、日中国交正常化について理解を求めた。青木正久外務政務次官はカンボジア、南ベトナム、ラオスに足を運び、元官房長官の木村俊夫衆議院議員は韓国を訪れて説明している。[53]

### 周恩来の国内説得

日本の国内世論が圧倒的に日中国交正常化を歓迎したのに対して、中国国内の反応は複雑だった。中国では、田中訪中前から各地で集会が開かれていた。集会を開いて説得せねばならないほどに、中国の対日感情は厳しかったのである。

しかも中国は賠償請求を放棄しており、民衆は少なからず不満を抱いただろう。とりわけ上海では、一四万人もの幹部職員が宣伝教育を受けていた。上海市革命委員会の馮国柱《ふうこくちゅう》副主任が、「日本軍国主義と日本国民とを区別しなくてはならない」と強調したのである。[54]

日本人民も被害者だという二分論は賠償請求放棄の論理でもあるが、やりきれない思いが中国の人心に残された。

アジア局外務参事官だった中江によると、「周恩来はずいぶん苦労して、私の聞いたところでは、津々浦々まで人を派遣したりし、同じ労働者・人民から賠償を取り上げるということは社会主義中国としてやるべきでない――というような美しい表現で説得に当たったようです」という。[55]

ある中国側当事者への聞き取りによれば、周恩来は田中訪中と前後して国内の説得に努め、党中央や外交部で何度も講演していた。北京、上海、天津などの大都市、さらには東北地方などでは党の幹部大会が開かれ、毛沢東と周の指示が伝えられた。

毛の言葉としては、ソ連「社会帝国主義」反対が最も印象に残っており、日本とも手を組まねばならないと毛は主張したという。日中国交正常化は、台湾解放闘争にも有利だというのである。

周はこれを敷衍《ふえん》し、賠償請求放棄の理由を三つ掲げた。第一に、中国の社会主義建設は自力更生であり、いかなる外国からも資金を必要としない。第二に、蔣介石の台湾が賠償請求を放棄している。第三に、賠償金は日本国民の負担となり、日中友好が永遠に達成できなくなる。第三の点が最も説得的だった。

中国民衆には賠償請求の放棄に抵抗感があったものの、毛と周が結論を出している以上、日中共同声明を受け入れる以外になかった。

# 終章　日中講和の精神

## 日本的戦略

日中共同声明が発せられたことで、「一九七二年体制」が成立したという説もある。台湾問題や歴史問題の原則が確立し、現代日中関係の基層になったとの意味であろう。[1] 一九七二(昭和四七)年が画期であったことは間違いないとしても、それを体制と呼ぶならば過大な表現にならないだろうか。

日本側からすれば、サンフランシスコ体制の存続が日中国交正常化の前提であり、日中共同声明によって対米基軸や日米安保体制を変えてはいなかった。サンフランシスコ体制が日中関係に優先することは、田中角栄、大平正芳、外務当局の共通認識であった。

日米安保体制に触れず、安保条約第六条の極東条項から台湾を除外しないことが、日本にとっては日中国交正常化の条件だった。いまだかつて日本政府は、極東条項から台湾が外れると表明したことはない。[2] 日本にとっての日中国交正常化は、従来からの対米基軸を確認する作業でもあった。

一五〇頁で論じたように周恩来も、「日米安保条約について言えば、私たちが台湾を武力で解放することはないと思う。一九六九年の佐藤・ニクソン共同声明はあなた方には責任がない」と語っていた。中国が日米安保体制の後退を迫らなかったことは、日中国交正常化を容易にした。

日本外務省には、日米関係よりも日中関係を重視する北京派もいたが、政策過程から排除されていた。日中国交正常化は、サンフランシスコ体制の枠内で処理されねばならなかった。外交方針を大きく変更しないだけに地味だが、日本的戦略といってよい。日中国交正常化でサンフランシスコ体制を離脱していたら、日本外交は漂流していただろう。そのことは、当の中国も望まない事態であった。

対ソ戦略という大方針を掲げる中国に比べれば、日本が大きな世界戦略を描くことはなかった。だからといって、日中国交正常化が日本に不利だったことにはならない。中国の復交三原則のうち、中国が確実に得たのは第一原則だけであり、第二、第三原則ともに中国の思惑通りにはなっていない。

その点は一五八―一五九、一九二―一九四頁で述べたので、ここでは繰り返さない。日米安保体制と日中国交正常化の両立をもたらしたのは、まぎれもなく田中と大平の政治指導であった。

もっとも、これらのことが現在の中国でどれだけ理解されているかは別問題である。中国国内では調印の直後から、日本が復交三原則をすべて認めたかのように報じられていた。しばしば中国が一九七二年の原点に戻れと主張するとき、日本が復交三原則をそのまま了承したかのように誤認されている。

一九九七（平成九）年の新ガイドライン、つまり日米防衛協力のための指針をめぐる日米中関係が示すように、台湾問題をめぐる相剋が表面化していく可能性はいまも残されている。

### 田中の政治指導

自民党の長期政権下では、概して新内閣が成立しても外交は大きく変わらなかった。派閥力学が対外構想を正確に反映しているわけはなく、新しい首相が誕生しても、外交では継続が重んじられた。田中内閣は対中政策を転換したものの、対米基軸の堅持に心を砕いていた。日米協調に代わって、新たな戦略を描くべきでないことは自明だった。

とするなら、田中の唱えた「決断と実行」は、日中国交正常化に向けてどう発揮されたのか。条約課長だった栗山尚一が述べるように、田中の主張は簡明だった。

田中さんが達成したかったのは、一つは国交正常化そのものですけれども、あとの二つは何かというと、一つは安保に触らないということ、それから三つ目は台湾との実務的関係は残すということなのです。[3]

田中は日米安保体制を維持し、台湾との民間交流を残すことを根本方針として、詳細を大平と外務官僚に任せたのである。

金権政治という印象の強い田中だが、元官僚たちはどう思っているのか。栗山が田中を論じる。

角栄さんって方は、いろいろ日本の政治にマイナスの遺産を残したとは思いますけど、役人をうまく使って、自分がやりたいことをやるという意味においては、やはり一つのカリスマであったし、決断力があったし、役人をうまく使う度量を持っていました。そういう意味では、やはりなかなか傑出した総理大臣だったと思います。[4]

決断力に富み、役人を使いこなした田中の手腕を栗山は評価している。中国課長だった橋本恕も同様である。

やっぱり千両役者ではあったね。角さんが悪いことしたかしないか知らんよ。そんなことはどうでもいいので、いい仕事さえしてくれればいい。周恩来に初めて会った時もそうだな。角さんに初めて会った時と同じような、そういうことですわ。[5]

田中のリーダーシップについては、通産相秘書官、首相秘書官であり、後年、通産次官になる小長啓一が明快に分析している。

天才的な政治家だったと思いますね。政治家のリーダーシップを分析しますと、第一に企画構想力であり、第二に実行力であり、第三に決断力、第四に人間的な包容力だと思うのです。田中さんの一代記をずっと振り返ってみると、その四つについて卓抜した能力を持っておられるわけですね。

企画構想力という点でいうと、例のガソリン税の導入、これはいまでこそ悪の狡計《こうけい》みたいな感じになっているわけですけど、日本の道路事情が悪くて舗装率が二〇％とかといわれている時代に、高速道路についてガソリン税を導入する。日本にいち早く導入をしてというようなことを代議士二年生ぐらいの段階でやっているわけですね。議員立法でやった。

これは企画構想力の最たるものではないかという感じがあるわけです。『列島改造論』も、その企画構想力の一つのポイントだと思うのです。

実行力については、繊維交渉なんていうのは実行力の最たるものだと思います。

それから決断力というのは、日中国交正常化の話です。一番権力のある時に一番難しい問題に挑戦するという話。それから相手のパートナーの具合が一番近くなったときにやるのがいいということですね。

人間的な包容力というのは、あの人自身が農家の長男で、貧困の中で育ってきたこともあって、人の気持ちを汲んで行動するということについては、権力者になった後でも非常に気を使っていました。

だから官邸で勤務している時も、官邸の電話交換手であるとか官邸の警備員なんかの執務が過重にならないように、何もない時には夕方五時前には官邸を引き払って、自分の事務所に移るわけです。そうすると官邸は交換手も警備員も事務を縮小して晩の態勢になるわけです。そういうことまで気を使っているのですね。[6]

リーダーシップの要素とは、企画構想力、実行力、決断力、包容力であり、そのすべてを田中は備えていたというのである。

## 大平の政治指導

盟友の大平についてはどうか。栗山がこう語る。

大平さんは、非常にインテリですからね。ご承知のように、クリスチャンで。そこはもう、本当に田中角栄さんとは対照的で、読書家だし、もう大変なインテリでした。でも、インテリの弱さっていうのがあるのです。なかなか思うようにならない時に悩むのですよ。〔中略〕しかし、外務省の事務当局に対する信頼感は非常にありましたね。[7]

大平の政治指導は思慮深く、念入りな準備と調整を重んじた。二階堂進は、「日中国交正常化の推進を一身に背負った大平外相の手の打ち方は周到をきわめていた」と評する。[8] 田中が決断実行型リーダーシップとすれば、大平はいわば熟慮調整型リーダーシップといえよう。

田中と大平が異なる型で指導力を振るいえたのは、首相、外相という役職によるところもあるが、それ以上に二人の個性だった。本領に合った地位を得たことで、それぞれの天性を発揮できたのである。田中からすれば、自分にない資質を見越して大平を外相としたところに人事の妙があった。

大平に対中政策を進言していた古井喜実は、二人の関係をこう述べる。

田中総理と大平外相の組合せは、かつてない名コンビである。大平はあの通り慎重綿密である。田中は「外交のことは分らん、大平君、君にまかせる。しかし責任は全部俺がかぶる」と言う。知らんことを知っているような顔をしたり、責任はのがれようとするのが凡庸《ぼんよう》者の姿である。田中首相は統領の器であり、傑出していると思う。しかも実際は、私の知った範囲においても、大きな決断はすべて田中総理がしたと思う。むろん、よい膳立てをした大平外相の手腕力量も認めざるをえない。

二人のリーダーシップは友情に支えられ、互いの欠点を長所にすら変えた。かつて日ソ国交正常化において、鳩山一郎首相と重光葵《まもる》外相が離反していたのとは好対照である。田中、大平の間柄は、毛沢東、周恩来の関係と同じではない。周が毛に重要局面で必ず了解を求めたのに対して、田中は大きな方針だけを示し、全権を大平に委ねていた。全幅の信頼を得た大平は、いくつもの困難な局面を打開した。田中に決断を促したのも大平であり、大平の役割は決定的だった。

田中や大平が優れた指導力を発揮したにせよ、外務官僚たちに頼るところは大きかった。すべてを首脳が決められるほどに現代外交が単純なはずもなく、詰めの作業は官僚に頼らざるをえない。日中共同声明の大半を書いたのは外務官僚である。

田中と大平は官僚の扱いに長《た》けており、日中国交正常化では首相と外相が外務官僚たちと連動していた。栗山が記憶をたどる。

上の人が下を信頼し、下がまた上を信頼して仕事をし、一点の目的のために仕事をしてそれが実を結んだ。戦後の外交の中で、この日中国交正常化というのは非常にいい例であったと思うし、まあ私たちもそれなりに、その時に参加したと。いい思い出であったという気がしています。[10]

田中と大平の指導がなければ、いつ中国と国交正常化できたかわからない。二つのリーダーシップが共振して官僚たちを使いこなしたとき、ようやく国交は樹立されたのである。

**周恩来の遺言**

一方の中国外交は、どう評されるべきだろうか。毛沢東や周恩来のもとで中国は、復交三原則を掲げつつも、対ソ戦略という高い次元を見据えて現実的に対応した。周はがんに侵され、余命を悟っていた。周は訪日を求める田中に向かい、「自分は生きては日本を二度と訪問することはないでしょう」と述べている。[11]

橋本は、対ソ戦略や周の健康状態から、中国のほうが正常化を急いでいたと解する。

なんとしてもアメリカと日本との関係をよくしておきたい。ソ連の脅威に対抗してですね。それでニクソンの訪中も実現させたし、田中の訪中も実現させた。これやっぱり中国の世界戦略、対ソ戦略というやつね。[12]

吉田健三アジア局長によると、「私が当時受けた印象では、中国も急いで国交正常化をやろうという感じでしたし、周恩来さん自身が、一番大きな動機になったのは林彪《りんぴょう》が倒れたことだと述懐してました」という。[13]

日中国交正常化が短期間で行われただけに、問題点がなかったわけではない。高島発言に対する周の強い反発などは、事務レベルで調整しておけば緩和できただろう。

だとしても、首脳会談で一気に進めていなかったら、交渉は長期化したに違いない。そうなれば、中国が尖閣諸島の領有権を主張するなど対日要求を強め、国交正常化は暗礁に乗り上げたかもしれない。そこに両国の複雑な国民感情や内政事情が噴出し、毛や周が他界してしまえば、国交を樹立できなくなった可能性もある。

それを避けるには首脳会談を先行させ、国交正常化を既成事実としたうえで、両国の国民や反対勢力に理解を求めるしかなかった。性急な感も否めないが、毛や周が健在で、田中が権力と人気の頂点にあった一九七二年九月は絶好の時期だった。田中はそれを意識していたし、三原則を示した周も柔軟に交渉を進めたのである。

一九七六（昭和五一）年一月に他界する周は、その半年前に北京の病院で藤山愛一郎元外相と会っていた。病室からゆっくりと現れた周は、顔から血色が引いて青白く、人民服に包まれた体は細くやせ衰えていた。

当時最大の論点は、交渉中の日中平和友好条約だった。周は病身をおして力説した。

過去の問題は、賠償も損害請求権も、両国の国交回復に当たって私と田中総理が署名した中日共同声明ですべて清算し終わっている。これからは、中国と日本がどのように末永く仲よく国交関係を保っていけるか、この点を規定した条約でなければならない。

病軀《びょうく》をおして熱弁を振るう周には、いつしか往時の独演調がよみがえっていた。何かが背中から周を突き動かすかのように、よどみなく理路整然と日中関係を一時間半にわたって論じきった。周は日本人への遺言を意識していたのである。[14]

## 日中講和の精神とは

国交正常化で置き去りにされたのは、未曾有の戦禍を強いられた中国人の心だろう。そのことは、権威主義的な中国の政治体制によるところが大きいとはいえ、短期間で一気に交渉を妥結させた負の遺産でもあった。

かつて日清戦争で多額の賠償金を支払わされたこともあり、筆舌に尽くし難い被害を受けた国民感情からすれば、日本に天文学的な賠償金を要求しても気が済まなかったはずである。それでも毛や周は、上意下達で賠償請求を放棄した。

押し込められた中国の人心は、毛や周というカリスマ的指導者の他界につれて表面化するだろう。そのことに日本の指導者は自覚的であった。のちに大平が首相として対中円借款に着手したとき、明らかに賠償の代わりという意識があった。中国の賠償請求放棄と対中円借款は、「あくまで大平の心の中ではつながっている」[15]。

その大平、田中もいまは亡い。周、毛、大平、田中が逝《ゆ》き、日中国交正常化から四〇年の歳月が流れようとする現在、その内実を語れる政治家や外交官は数えるほどになってきた。

されど日本人はあの戦争を忘れないし、そのことを前提に中国人が寛容の心で日本と向き合う。そして日中両国は、ともに善隣友好関係を築いていく。それが日中講和の精神だろう。日中国交正常化の成り立ちは、きわめて現代的な教訓を物語っている。再思三考すべき歴史がここにある。

# あとがき

一九七二年の日中国交正常化から四〇年が過ぎようとしている。現代日中関係の原型となる日中共同宣言の重みについては、いまさら多言を要さないであろう。その立役者たる田中角栄と大平正芳を主役とし、外務官僚たちを黒衣《くろこ》に配したのが本書にほかならない。

当時、中ソ対立やニクソン・ショックという国際情勢が日本と中国を接近させる流れにあり、日中国交正常化の環境は整い始めていた。だとしても、中国との国交樹立を導いたのは、田中、大平、官僚たちの挑戦であった。

いままでは私は近代を中心として、完全に歴史となっている時代を研究してきた。決定版となりうるような歴史研究を目指すことが、研究者の役割だと思ったからである。そのことはいまも変わらないが、外交史研究には社会的要請に応える使命もあろう。

本書では今日的な意義を重視し、あえて近い過去を扱った。政府文書を調べながら当事者の肉声に耳を傾け、できることなら、日中講和の精神を両国国民の共有財産にしえないものかと思案を重ねた。

新書という媒体を選んだのも、多くの読者と日中関係を考えたかったからである。実証の水準を高く保ちながら、広範な読者層を意識して手を入れ続けた。その意味では、あらかじめ読者を想定できる学術書よりも緊張感を強いられる作業であった。

日中国交正常化に光を当てながら、政治的リーダーシップの分析を試みたかった。アメリカの覇権に陰りがみえ始めるなかで、アジアでは中国やインドが目覚ましく台頭し、ややもすると日本は存在感を失いつつある。かつて一流といわれた経済すら低迷する日本では、短期政権が続いている。政治指導の手法を過去に学ばなければ、日本は米中の間で埋没しかねない。

このため本書では、外交交渉を跡づけるとともに、田中や大平の人物像に迫ろうと努めた。田中と大平の個性が共振する姿を描きつつ、ありうべき政治指導の姿を探し求めた。リーダーシップを考察することは人間を書くことである。とりわけ田中には金権政治のイメージが先行するだけに、その政治指導が正面から論じられてこなかったのかもしれない。

政治指導のあり方は、少なからず官僚の使い方に表れるものである。国交正常化を二人だけに還元するのではなく、官僚たちと織りなす相互作用から共同声明が刻まれる過程をたどった。

無名の官僚たちが果たした役割についても、インタビューを通じて正当に評価しようとした。近年、政治家が官僚との対決を標榜《ひょうぼう》する傾向もみられるものの、少なくとも外交に関する限り未熟な方法といわねばなるまい。

それだけに、聞き取りに応じて下さった方々には、心より御礼を申し上げたい。当時三、四〇代だった官僚たちは、もう七〇、八〇代になっている。いま話を聞かなければ、貴重な証言が埋もれかねない。情報公開請求で史料を引き出せるようになったことも、執筆の弾みとなった。原文書を入手でき、かつ当事者に話を聞ける際どい時期だった。

外務省記録を片手に何度も当事者に会って事実関係を確認し、面持ちを浮かべつつ録音を聞き返す日々を重ねた。その核心部分を原稿に流し入れる作業を繰り返すうちに、肉声が原稿に乗り移っていくような感覚にとらわれた。主著としては五冊目になるが、初めての心境だった。そんなときは集中のあまり、何時間でも机の前から動けなくなった。

聞き取りは単独で行ったこともあるが、多くは優れた研究者たちとの共同作業であったことを明記しておく。とりわけ井上正也先生は、インタビューや史料面でお世話になっただけでなく、本書の原稿に批評を寄せて下さった。福永文夫先生、杉浦康之先生、竹内桂先生、福田円先生は、貴重な史料などを提供された。深く御礼を申し上げたい。

中央公論新社の白戸直人氏には、二〇〇八年に刊行した『広田弘毅』のときからお世話になっている。その的確な助言と卓抜した編集にはいつも敬服している。『広田弘毅』で日中戦争や東京裁判を論じた係り結びからしても、同じ媒体で日中国交正常化を書きたいという思いが胸から離れなかった。

いまここに筆を擱《お》くことで、そのような重圧感から瞬間的に解放されるとしても、個人的な感慨と本書の価値がまったく別問題であることはいうまでもない。日中国交正常化は、何度でも熟考すべき歴史として今後も問われ続けるだろう。

読者からの叱正を乞う次第である。

二〇一一年五月

服部 龍二

# 註記

## 序　章

1　日中国交正常化の研究には次のものなどがある。Haruhiro Fukui, "Tanaka Goes to Peking: A Case Study in Foreign Policymaking," in T. J. Pempel, ed., *Policymaking in Contemporary Japan* (Ithaca: Cornell University Press, 1977), pp. 61-102；別枝行夫「日中国交正常化の政治過程――政策決定者とその行動の背景」（『国際政治』第六六号、一九八〇年）一―一八頁、田中明彦『日中関係　一九四五―一九九〇』（東京大学出版会、一九九一年）六一―八三頁、緒方貞子／添谷芳秀訳『戦後日中・米中関係』（東京大学出版会、一九九二年）六九―九八頁、添谷芳秀『日本外交と中国　一九四五―一九七二』（慶應義塾大学出版会、一九九五年）一八七―二五四頁、王泰平主編『中華人民共和国外交史』第三巻（北京：世界知識出版社、一九九九年）一九―二五頁、田村重信・豊島典雄・小枝義人『日華断交と日中国交正常化』（南窓社、二〇〇〇年）、羅平漢『中国対日政策与中日邦交正常化――一九四九―一九七二年中国対日政策研究』（北京：時事出版社、二〇〇〇年）、池田直隆『日米関係と「二つの中国」――池田・佐藤・田中内閣期』（木鐸社、二〇〇四年）四〇七―四五七頁、若月秀和『「全方位外交」の時代――冷戦変容期の日本とアジア・一九七一～八〇年』（日本経済評論社、二〇〇六年）三九―五四頁、毛里和子『日中関係――戦後から新時代へ』（岩波新書、二〇〇六年）四九―九四頁、倪志敏「田中内閣における中日国交正常化と大平正芳（その一）（その二）（その三）（その四）」（『龍谷大学経済学論集』第四五巻第五号、第四六巻第五号、第四七巻第三号、第四八巻第三・四号、二〇〇六―二〇〇九年）一九―五一、四五―六八、三三―六八、六三―九六頁、殷燕軍『日中講和の研究――戦後日中関係の原点』（柏書房、二〇〇七年）二四三―三〇〇頁、小池聖一「『大平外交』の形成――日中国交正常化をめぐる日本外交の相克」（『国際協力研究誌』第一四巻第二号、二〇〇八年）一〇三―一一六頁、井上正也『日中国交正常化の政治史』（名古屋大学出版会、二〇一〇年）。

2　近年の伝記的研究として、福永文夫『大平正芳――「戦後保守」とは何か』（中公新書、二〇〇八年）、若月秀和「田中角栄――『自主外交』の追求とその限界」（佐道明広・小宮一夫・服部龍二編『人物で読む現代日本外交史――近衛文麿から小泉純一郎まで』吉川弘文館、二〇〇八年）二二四―二三九頁、佐道明広「大平正芳――『保守本流』の使命感」（同前）二五六―二六八頁。

3　二〇〇九年九月五日、九月一九日、一〇月三日、一〇月二四日に行われたインタビューは、森田一／服部龍二・昇亜美子・中島琢磨編『心の一燈　回想の大平正芳――その人と外交』（第一法規、二〇一〇年）としてまとめられた。

4　中曽根には二九回インタビューを行っており、二〇〇九年八月六日の第一〇回で日中国交正常化について聞いた。中曽根康弘／中島琢磨・服部龍二・昇亜美子・若月秀和・道下徳

成・楠綾子・瀬川高央編『中曽根康弘が語る戦後日本外交史（仮）』（新潮社、二〇一二年刊行予定）参照。

5　拙著『日中歴史認識――「田中上奏文」をめぐる相剋　一九二七―二〇一〇』（東京大学出版会、二〇一〇年）二七五―二七六頁。

6　二〇〇九年一月二四日、二月二一日、三月二一日に行われたインタビューについては、中江要介／若月秀和・神田豊隆・楠綾子・中島琢磨・昇亜美子・服部龍二編『アジア外交　動と静――元中国大使中江要介オーラルヒストリー』（蒼天社出版、二〇一〇年）参照。

7　二〇〇八年九月四日、九月一七日、二〇〇九年三月一〇日、一〇月一五日、二〇一〇年四月八日に行われたインタビューは、栗山尚一／中島琢磨・服部龍二・江藤名保子編『外交証言録　沖縄返還・日中国交正常化・日米「密約」』（岩波書店、二〇一〇年）としてまとめられた。政策研究大学院大学C・O・Eオーラル・政策研究プロジェクト「栗山尚一（元駐米大使）オーラルヒストリー――転換期の日米関係」（政策研究大学院大学、二〇〇五年）一〇―一一頁も、日中国交正常化に若干論及している。

8　中国派、北京派、台湾派については、永野信利『外務省研究』（サイマル出版会、一九七五年）六一―六二頁も参照。

**第1章**

1　田中角栄『日本列島改造論』（日刊工業新聞社、一九七二年）。

2　田中角栄「私の履歴書」（岸信介・河野一郎・福田赳夫・後藤田正晴・田中角栄・中曽根康弘『私の履歴書　保守政権の担い手』日経ビジネス人文庫、二〇〇七年）三二三、三三一、三四三―三四四頁。

3　田中角栄記念館編『私の中の田中角栄』（田中角栄記念館、二〇〇五年）一八九―二五三頁。

4　田中角栄「私の履歴書」四一三、四二四、四二六―四三六頁。

5　早坂茂三『早坂茂三の「田中角栄」回想録』（小学館、一九八七年）三五―三九頁。

6　木村貢『総理の品格――官邸秘書官が見た歴代宰相の素顔』（徳間書店、二〇〇六年）三三頁。

7　早坂茂三『オヤジとわたし』（集英社文庫、一九九三年）七九―八〇頁。

8　田中角栄「私の履歴書」三九四頁によると、身長は一六四センチだったという。

9　海部俊樹「三たび交えた私が感じるどうしようもない小沢の性癖」（『新潮45別冊「小沢一郎」研究』二〇一〇年四月号）一二五頁。

10　田中角栄『わたくしの少年時代』（講談社、一九七三年）三六、七六頁。

11　早坂茂三『オヤジの遺言』（集英社インターナショナル、二〇〇四年）一六―二〇頁。辻和子『熱情――田中角栄をとりこにした芸者』（講談社、二〇〇四年）も参照。

12　朝賀昭「人間・田中角栄の実像」（『新潮45』二〇一〇年七月号）一一九頁。

13　森田一『心の一燈　回想の大平正芳』七四頁。

14　大平正芳『私の履歴書』（日本経済新聞社、一九七八年）四六―四八頁。

15　田中角栄「わが戦後秘史」（『現代』一九九四年二月号）二八―四六頁。
16　森田一『心の一燈　回想の大平正芳』三九頁。
17　佐藤昭子『田中角栄』（経済界、二〇〇五年）一三四―一三六頁。
18　羽田孜『小説　田中学校』（光文社、一九九六年）五八―五九頁。
19　森田一『心の一燈　回想の大平正芳』五一―五四頁。田中の回想がそれとは異なっていることについては、田中角栄『大臣日記』（新潟日報事業社、一九七二年）一〇―一二頁参照。
20　羽田孜『小説　田中学校』六〇頁。
21　『日本経済新聞』二〇一〇年四月八日夕刊。
22　森田一『心の一燈　回想の大平正芳』一三九頁。
23　時事通信社政治部編『日中復交』（時事通信社、一九七二年）六二―六三頁。古井喜実「日中国交正常化の秘話」（『中央公論』一九七二年一二月号）一四五―一四六頁、同『日中十八年――一政治家の軌跡と展望』（牧野出版、一九七八年）、同『山陰生れ　一政治家の人生』（牧野出版、一九七九年）、古井喜実・井出一太郎・田林政吉編「訪中所見」一九五九年一二月、松尾尊兊編『古井喜實遺文集――一政治家の直言』（日中友好会館、一九九七年）一八〇―二三九頁のほか、居安正『ある保守政治家――古井喜實の軌跡』（御茶の水書房、一九八七年）、鹿雪瑩「古井喜実と一九六八年の日中LT貿易交渉」（『史林』第九一巻第五号、二〇〇八年）九九―一三一頁、同「古井喜実と一九七〇年の日中MT貿易交渉」（『二十世紀研究』第九号、二〇〇八年）五一―七二頁、同「古井喜実と日中国交正常化――LT・MT貿易の延長線から見る日中国交正常化」（『史林』第九三巻第二号、二〇一〇年）三一〇―三四五頁も参照。
24　「第四十六回国会衆議院外務委員会議録」第二号、一九六四年二月一二日、四―五頁。
25　森田一『心の一燈　回想の大平正芳』六六―六七、九七頁。
26　羽田孜『小説　田中学校』六一頁。
27　森田一『心の一燈　回想の大平正芳』七八―七九頁。
28　細谷千博・有賀貞・石井修・佐々木卓也編『日米関係資料集　一九四五―九七』（東京大学出版会、一九九九年）七八六頁。
29　森田一『心の一燈　回想の大平正芳』八八―八九頁、佐藤榮作／伊藤隆監修『佐藤榮作日記』第三巻（朝日新聞社、一九九八年）三五五、三八九、三九五、四三二、五一五、五二七―五二八、五三三頁、第四巻（一九九七年）二三、三一五―三一六頁、第五巻（一九九七年）一六〇、一六四頁。繊維摩擦については、石井修「第二次日米繊維紛争（一九六九年―一九七一年）――迷走の一〇〇〇日（一）（二）」（『一橋法学』第八巻第二号、第九巻第一号、二〇〇九―二〇一〇年）三―三三、一―四六頁も参照。
30　森田一『心の一燈　回想の大平正芳』八九頁、佐藤榮作『佐藤榮作日記』第四巻、三六八―三七〇、四二三、四二五―四二七、四二九、四三二―四三三、四四〇、四四二―四四五頁。
31　小長啓一へのインタビュー、二〇一〇年六月一一日。小長啓一「日本列島改造論とりまとめと田中内閣の軌跡」（総合研究開発機構『戦後国土政策の検証』下巻、総合研究開発機

構、一九九六年）一七三―一七五頁も参照。
32 小長啓一「日米繊維交渉――電光石火の裁き」（田中角栄記念館編『私の中の田中角栄』）九一頁。
33 石橋政嗣『石橋政嗣回想録――「五五年体制」内側からの証言』（田畑書店、一九九九年）九六―九七頁。

## 第2章

1 村田良平『村田良平回想録――戦いに敗れし国に仕えて』上巻（ミネルヴァ書房、二〇〇八年）二一九―二二〇頁。米中接近については、増田弘編著『ニクソン訪中と冷戦構造の変容――米中接近の衝撃と周辺諸国』（慶應義塾大学出版会、二〇〇六年）、菅英輝「米中和解と日米関係――ニクソン政権の東アジア秩序再編イニシアティブ」（菅英輝編著『冷戦史の再検討――変容する秩序と冷戦の終焉』法政大学出版局、二〇一〇年）三〇一―三三二頁、佐橋亮「米中和解プロセスの開始と台湾問題――アメリカによる信頼性と安定の均衡の追求」（『日本台湾学会報』第一二号、二〇一〇年）一七三―一九七頁などがある。
2 牛場信彦駐米大使から福田赳夫外相宛て電報、一九七一年七月一五日（情報公開法による外務省開示文書、〇二―一二三四―一、外務省外交史料館所蔵）。政策研究大学院大学C・O・Eオーラル・政策研究プロジェクト「股野景親（元駐スウェーデン大使）オーラルヒストリー」（政策研究大学院大学、二〇〇五年）二一九―二二一頁、石井修「ニクソンの『チャイナ・イニシアティヴ』」（『一橋法学』第八巻第三号、二〇〇九年）五三―八七頁も参照。
3 佐藤榮作『佐藤榮作日記』第四巻、三七七頁。
4 村田良平『村田良平回想録』上巻、二二〇頁。
5 牛場信彦／聞き手・山本正『牛場信彦 経済外交への証言』（ダイヤモンド社、一九八四年）七七頁。アーミン・H・マイヤー／浅尾道子訳『東京回想』（朝日新聞社、一九七六年）一〇〇―一〇一頁も参照。
6 小長へのインタビュー、二〇一〇年六月一一日。
7 大平正芳回想録刊行会編『大平正芳回想録――資料編』（大平正芳回想録刊行会、一九八二年）二〇六―二一二頁。大平正芳回想録刊行会編『大平正芳回想録――伝記編』（大平正芳回想録刊行会、一九八二年）三一〇―三一三頁、森田一『心の一燈 回想の大平正芳』九二―九五頁も参照。
8 『朝日新聞』一九七一年九月二日、大平正芳回想録刊行会編『大平正芳回想録――伝記編』三一三頁。
9 柳田邦男『日本は燃えているか』（講談社、一九八三年）二六〇、二七三頁、東郷文彦『日米外交三十年』（中公文庫、一九八九年）一九二頁。
10 橋本恕へのインタビュー、二〇〇八年一一月一日。
11 渡邊幸治へのインタビュー、二〇〇九年四月一八日。
12 福田赳夫『回顧九十年』（岩波書店、一九九五年）二〇五頁。
13 保利茂『戦後政治の覚書』（毎日新聞社、一九七五年）一二八―一二九頁。
14 保利書簡作成の経緯については、中嶋嶺雄「『保利書簡』の想い出」（保利茂伝刊行委員会編『追想 保利茂』保利茂伝刊行委員会、一九八五年）三四七―三四八頁、同『「日中友好」という幻想』（PHP新書、二〇〇二年）八三―九九頁。

15 野田毅へのインタビュー、二〇一〇年九月二八日。保利茂『戦後政治の覚書』一二九頁も参照。
16 岸本弘一『一誠の道――保利茂と戦後政治』（毎日新聞社、一九八一年）一四三―一四七頁。
17 時事通信社政治部編『日中復交』七六―七八頁。
18 橋本へのインタビュー、二〇〇八年一一月一日。早坂茂三『政治家田中角栄』（中央公論社、一九八七年）三六三頁、NHK取材班『周恩来の決断――日中国交正常化はこうして実現した』（日本放送出版協会、一九九三年）六六―六八頁、矢吹晋『激辛書評で知る　中国の政治・経済の虚実』（日経BP社、二〇〇七年）一三四頁も参照。
19 橋本へのインタビュー、二〇〇八年一一月一日。
20 藤山愛一郎『政治　わが道　藤山愛一郎回想録』（朝日新聞社、一九七六年）二一一―二一五頁。早坂茂三『政治家田中角栄』三六四頁も参照。
21 「第六十八回国会衆議院予算委員会第四分科会議録」第四号、一九七二年三月二三日、一〇頁。早坂茂三『政治家田中角栄』三六二頁も参照。
22 森田一『心の一燈　回想の大平正芳』九八―一〇二頁。
23 「三木武夫・周恩来会談記録」一九七二年四月二一日（「三木武夫関係資料」五三六三―一四、明治大学史資料センター所蔵）。久能靖「角栄・周恩来会談　最後の証言」（『文藝春秋』二〇〇七年一二月号）三五九頁、村松玄太「三木武夫の政治的発話とその推敲過程」（『大学史紀要』第一四号、二〇一〇年）一三八―一四六頁も参照。
24 「中国関係」（「三木武夫関係資料」四五一―三）、「訪中関係」一九七二年四月二四日（「三木武夫関係資料」六五四〇）、「メモ帳／訪中の印象」（「三木武夫関係資料」七八一〇―三）。『朝日新聞』一九七二年四月二五日も参照。
25 森田一『心の一燈　回想の大平正芳』一〇一頁。
26 中曽根へのインタビュー、二〇〇九年八月六日。中曽根康弘『自省録――歴史法廷の被告として』（新潮社、二〇〇四年）九九頁、同『中曽根康弘が語る戦後日本外交史（仮）』も参照。
27 『読売新聞』一九七二年七月三日。早坂茂三『政治家田中角栄』三六六頁、時事通信社政治部編『日中復交』一一一頁も参照。
28 福田赳夫『回顧九十年』一七七―一七八、二〇五―二〇六頁。田村重信・豊島典雄・小枝義人『日華断交と日中国交正常化』一二二頁も参照。

**第3章**

1 『朝日新聞』一九七二年七月五日夕刊。
2 時事通信社政治部編『日中復交』一〇三頁。
3 『朝日新聞』一九七二年七月六日。藤山愛一郎『政治　わが道　藤山愛一郎回想録』二一六頁も参照。
4 佐藤昭子『決定版　私の田中角栄日記』（新潮文庫、二〇〇一年）一六、一三頁。
5 「森田一日記」一九七二年七月七日。
6 『朝日新聞』一九七二年七月八日。佐藤昭子『決定版　私の田中角栄日記』一一九頁も参照。
7 『参考消息』一九七二年七月七日、七月九日。
8 羽田孜『小説　田中学校』二〇二頁。
9 木内昭胤「田中角栄氏の外交手腕」（田中角栄記念館編

『私の中の田中角栄』八七頁。
10 元外交官へのインタビュー、二〇一〇年四月一日。
11 伊藤昌哉『自民党戦国史』上巻(ちくま文庫、二〇〇九年)九七頁。
12 橋本へのインタビュー、二〇〇八年一一月一日、橋本から筆者宛て書簡、二〇〇九年二月二六日。
13 森田一『心の一燈 回想の大平正芳』一〇三―一〇五頁。
14 橋本へのインタビュー、二〇〇八年一一月一日、橋本から筆者宛て書簡、二〇〇九年二月二六日。
15 橋本から筆者宛て書簡、二〇〇九年二月二六日。
16 中江要介「胡耀邦が支えた日中友好」(『東亜』第四二二号、二〇〇二年)二九頁。
17 橋本へのインタビュー、二〇〇八年一一月一日。栗山尚一『外交証言録 沖縄返還・日中国交正常化・日米「密約」』一二七頁も参照。
18 福川伸次「角さんと大平さんのすき焼き」(田中角栄記念館編『私の中の田中角栄』)九三頁、木村貢『総理の品格』二二二頁。
19「森田一日記」一九七二年七月二五、二九日、八月二三日。
20 古井喜実『日中十八年』一一二―一二八頁、同『山陰生れ一政治家の人生』一四九頁、森田一『心の一燈 回想の大平正芳』一〇四、一一〇頁。
21 吉田重信『「中国への長い旅」 元外交官の備忘録』(田畑書店、二〇一〇年)五六頁。
22 外務省アジア局中国課「総理訪中先遣隊について」年月日不明(情報公開法による外務省開示文書、二〇〇八―六四七)。橋本へのインタビュー、二〇〇八年一一月八日。
23「日本内閣総理大臣(#田中角栄#)函行政院院長(#蔣経国#)為感謝就任時来函電賀」(「蔣経国総統文物」005000001848A、国史館所蔵)。

24「森田一日記」一九七二年七月二五日。

25「大平外相彭大使会談録」一九七二年七月二五日(情報公開法による外務省開示文書、二〇〇八―一〇四五)。
26 外務省アジア局中国課「佐々木議員の大臣に対する訪中報告」一九七二年七月二四日(情報公開法による外務省開示文書、二〇〇八―六四七)、中共中央文献研究室編『周恩来年譜』下巻(北京:中央文献出版社、一九九七年)五三六―五三七頁。
佐々木がそれまで何度も訪中するなどしていたことについては、「毛沢東主席接見佐佐木更三、黒田寿男、細迫兼光等日本社会党中、左派人士談話記録」(105-01897-01, 中華人民共和国外交部档案館所蔵)、「国務院外弁外事簡報:日本佐佐木更三致函廖承志提出三項要求」(105-01759-28, 中華人民共和国外交部档案館所蔵)、「佐々木更三の歩み」編集委員会・総合政経研究会・佐々木更三連合後援会編『大衆政治家佐々木更三の歩み』(総評資料頒布会、一九八〇年)四六五―四八八頁、劉徳有/王雅丹訳『時は流れて――日中関係秘史五十年』上巻(藤原書店、二〇〇二年)三二七―三三一頁。
27 時事通信社政治部編『日中復交』一二四、一二六、一三五頁、鹿島平和研究所編『日本外交主要文書・年表』第三巻(原書房、一九八五年)六四頁。
28 安川壮『忘れ得ぬ思い出とこれからの日米外交――パールハーバーから半世紀』(世界の動き社、一九九一年)一九二―一九三頁。

29　田桓主編『戦後中日関係文献集——一九七一～一九九五』（北京：中国社会科学出版社、一九九七年）二〇—二三頁。

30　『朝日新聞』一九九七年八月二七日。

31　石井明・朱建栄・添谷芳秀・林暁光編『記録と考証　日中国交正常化・日中平和友好条約締結交渉』（岩波書店、二〇〇三年）一一—一四、二〇、二九、三一—三三、二〇一—二〇二頁。「周恩来総理接見日本社会党人談話——関于日本〝南千島〟問題部份」（105-01897-04、中華人民共和国外交部档案館所蔵）、張香山「張香山回想録（中）」（『論座』一九九七年一二月号）二一二頁も参照。

32　竹入義勝「歴史の歯車が回った　流れ決めた周首相の判断——『特使もどき』で悲壮な決意の橋渡し」（石井明ほか編『記録と考証　日中国交正常化・日中平和友好条約締結交渉』）二〇五—二〇六頁。時事通信社政治部編『日中復交』一四五頁、柳田邦男『日本は燃えているか』二七八—二七九頁も参照。

33　「森田一日記」一九七二年八月四日。

34　森田一『心の一燈　回想の大平正芳』一〇六—一〇九頁。古井喜実は、内閣成立当時、「まだ田中首相は、いささか屁っぴり腰で、あまり自信がなかったのではないだろうか。しかし正常化をやらねばならぬという認識は十分持っていたと思う。大平外相は、口にこそ多くを言わないが、すでに覚悟していたと思う。〔中略〕田中首相ははじめのうちは誰かをやると言い、自分が行くとはいわなかった」と論じる（古井喜実「日中国交正常化の秘話」一四五—一四六頁）。

35　竹入義勝「歴史の歯車が回った」二〇六頁。

36　木内昭胤へのインタビュー、二〇一〇年六月一九日。

37　「中国問題対策協議会第一回会議要録」一九七二年八月二日、「中国問題対策協議会第二回会議要録」八月四日、「中国問題対策協議会第三回会議要録」八月九日、「中国問題対策協議会第四回会議要録」八月一二日、「中国問題対策協議会第五回会議要録」八月一六日（情報公開法による外務省開示文書、二〇一〇—四七二）。柳田邦男『日本は燃えているか』二八三頁、井上正也「日中国交正常化交渉における台湾問題　一九七一～七二年」（小林道彦・中西寛編著『歴史の桎梏を越えて——二〇世紀日中関係への新視点』千倉書房、二〇一〇年）二一一—二三一頁も参照。

38　「周匪恩来対公明党竹入委員長之談話要旨」（「日匪勾搭前後」11-EAP-00567, 005.22/0005, 中央研究院近代史研究所所蔵）。

39　霞山会『日中関係基本資料集　一九四九年—一九九七年』（霞山会、一九九八年）九一頁、小坂善太郎『あれからこれから——体験的戦後政治史』（牧羊社、一九八一年）一六一頁。

　賠償問題については、朱建栄「中国はなぜ賠償を放棄したか——政策決定過程と国民への説得」（『外交フォーラム』一九九二年一〇月号）二七—四〇頁、楊志輝「戦争賠償問題から戦後補償問題へ」（劉傑・三谷博・楊大慶編『国境を越える歴史認識——日中対話の試み』東京大学出版会、二〇〇六年）三一五—三四五頁。

40　外務省アジア局中国課「高碕達之助議員の訪中に関する件」一九六二年一二月二〇日（「本邦対中共貿易関係　民間貿易協定関係　高碕・廖覚書交換（一九六二年）」E'.2.5.2.2-1-2, Reel E'-0212, 外務省外交史料館所蔵）。『毎日新聞』

一九九八年六月一八日も参照。

「岡崎嘉平太関係文書」スクラップ二六（岡崎嘉平太記念館所蔵）に日中貿易覚書の取り決め事項などが収められている。岡崎の対中観については、岡崎嘉平太「私の履歴書」（日本経済新聞社編『私の履歴書』第三三集、日本経済新聞社、一九六八年）一五六―一六一頁、同『中国問題への道』（春秋社、一九七一年）、同『私の記録』（東方書店、一九七九年）、同『終りなき日中の旅』（原書房、一九八四年）、同「日中関係の今後」（『紀要　第二号　岡崎嘉平太　講演集二』二〇〇五年）八三―九三頁、同「これからの日中問題」（『紀要　第三号　岡崎嘉平太　講演集三』二〇〇六年）二七―五九頁、伊藤武雄・岡崎嘉平太・松本重治／阪谷芳直・戴国煇編『われらの生涯のなかの中国――六十年の回顧』（みすず書房、一九八三年）。

41　藤山愛一郎『政治　わが道　藤山愛一郎回想録』二一六頁。中国側動向については、「廖承志関于接待高碕達之助及其随行人員的請示、来訪人物材料和言論」（105-01151-01, 中華人民共和国外交部档案館所蔵）。

42　田桓主編『戦後中日関係文献集――一九四五～一九七〇』（北京：中国社会科学出版社、一九九六年）六四三―六四九頁。高碕、廖の書簡などについては、「訪中関係　昭和三四～三七年」（「高碕達之助文書」A―3、東洋食品研究所所蔵）参照。

43　「国務院外弁外事簡報：日本社会党佐佐木更三給廖承志的信」（105-01657-11, 中華人民共和国外交部档案館所蔵）、趙安博「私の一高時代」（人民中国雑誌社編『わが青春の日本――中国知識人の日本回想』東方書店、一九八二年）一七五―一八六頁。

44　日中国交回復促進議員連盟編『日中国交回復――関係資料集』（日中国交資料委員会、一九七二年）五三一頁。永野慎一郎・近藤正臣編『日本の戦後賠償――アジア経済協力の出発』（勁草書房、一九九九年）一七一頁も参照。

45　橋本へのインタビュー、二〇〇八年一一月一日。

46　高坂正堯「中国問題とは何か」『自由』一九六四年四月号（高坂正堯著作集刊行会編『高坂正堯著作集　第一巻　海洋国家日本の構想』都市出版、一九九八年）一〇五頁。

47　橋本へのインタビュー、二〇〇八年一一月一日。

**第4章**

1　唐家璇「田中角栄から小泉、小沢まで――日本語通訳から始まった対日工作の責任者が語った四八年」（『文藝春秋』二〇一〇年四月号）一六五―一六六頁。

2　孫平化／安藤彦太郎訳『日本との三〇年――中日友好随想録』（講談社、一九八七年）一五一頁。原書は、孫平化『中日友好随想録』（北京：世界知識出版社、一九八六年）八六頁。孫平化『中国と日本に橋を架けた男』（日本経済新聞社、一九九八年）一三六―一五三頁も参照。

3　唐家璇「田中角栄から小泉、小沢まで」一六五頁。

4　同前、一六六頁。

5　孫平化『日本との三〇年』一五九―一六〇頁、同『中日友好随想録』九一頁、蕭向前／竹内実訳『永遠の隣国として』（サイマル出版会、一九九七年）一五五―一五六頁、孫平化・森住和弘「日中国交回復の扉はこうして開けられた（続）」（『中央公論』一九九二年八月号）一五四頁。

6 「森田一日記」一九七二年七月一八日。
7 孫平化『日本との三〇年』一六〇―一六一頁。「森田一日記」一九七二年七月二二日、孫平化『中日友好随想録』九一―九二頁も参照。
8 「森田一日記」一九七二年七月二二日。
9 藤山愛一郎『政治 わが道 藤山愛一郎回想録』二一七頁。
10 唐家璇「田中角栄から小泉、小沢まで」一六六頁。
11 『朝日新聞』一九七二年八月一六日。霞山会『日中関係基本資料集 一九四九年―一九九七年』一〇六〇頁、鹿島平和研究所編『日本外交主要文書・年表』第三巻、六八頁。
12 駐日台湾大使館から外交部、一九七二年八月一六日（「田中内閣與匪勾搭（電報）」第一冊、11-EAP-00573, 005.22/0011, 中央研究院近代史研究所所蔵）、「森田一日記」一九七二年八月一六日。
13 橋本へのインタビュー、二〇〇八年一一月八日。
14 橋本の筆者宛て書簡、二〇〇九年四月二日。
15 栗山尚一『外交証言録 沖縄返還・日中国交正常化・日米「密約」』一二〇頁。
16 同前、一二六―一二七頁。
17 同前、一〇〇―一〇一頁。
18 同前、一一八、一二五頁。
19 「森田一日記」一九七二年九月一四日、岡田晃『水鳥外交秘話――ある外交官の証言』（中央公論社、一九八三年）一八一、一九五頁。
20 栗山尚一『外交証言録 沖縄返還・日中国交正常化・日米「密約」』一二四頁。
21 同前、一二四頁。
22 同前、一二五―一二六頁。
23 同前、二四三頁。
24 石井明ほか編『記録と考証 日中国交正常化・日中平和友好条約締結交渉』一一七、一一三、一一五―一一六頁。
25 『朝日新聞』一九七二年九月一日。
26 外務省アメリカ局北米第一課「田中総理大臣の米国訪問（ハワイ会談）」一九七二年九月（情報公開法による外務省開示文書、二〇〇八―六四五）一五頁。
27 鹿島平和研究所編『日本外交主要文書・年表』第三巻、六八、五八九頁。
28 拙稿「田中首相・ニクソン大統領会談記録――一九七二年八月三一日、九月一日」（『人文研紀要』第六八号、二〇一〇年）四二四―四二七、四三〇頁。
同稿の出典は、「日米首脳会談（第一回会談）」一九七二年八月三一日、「第一回合同会談」八月三一日、「日米首脳会談（第二回会談）」九月一日（情報公開法による外務省開示文書、二〇〇八―六四五）。
29 拙稿「田中首相・ニクソン大統領会談記録」四三七―四三八、四四二―四四三頁。
石井修監修『ニクソン大統領文書――田中角栄・ニクソン会談関係文書ほか』第二巻（柏書房、二〇〇九年）八三―一〇八頁も参照。
30 「田中総理訪米（ハワイ会談）関係（一九七二・八）会談関係」（A'.1.5.2.24-1, CD-R A'-435, 外務省外交史料館所蔵）。
31 森田一『心の一燈 回想の大平正芳』一三二頁。

## 第5章

1 日台断交については、石井明「日台断交時の『田中親書』をめぐって」(『社会科学紀要』第五〇輯、二〇〇一年)八九—一〇九頁、檜山幸夫「日中国交回復に伴う日華国交断絶における椎名悦三郎・蔣経国会談記録について——外務省参事官中江要介の会談記録『中江メモ』の史料論」(『社会科学研究』第二四巻第一号、二〇〇三年)一三五—一九六頁、清水麗「日華断交と七二年体制の形成——一九七二—七八年」(川島真・清水麗・松田康博・楊永明編『日台関係史 一九四五—二〇〇八』東京大学出版会、二〇〇九年)九五—一二五頁。

2 中江要介『らしくない大使のお話』(読売新聞社、一九九三年)五三頁。

3 台湾派の背景については、加藤聖文「台湾引揚と戦後日本人の台湾観」(台湾史研究部会編『台湾の近代と日本』中京大学社会科学研究所、二〇〇三年)一三八—一四一頁。

4 「賀屋興宣談話速記録」第二巻(国立国会図書館憲政資料室所蔵)四六—五〇頁。

5 中江要介『残された社会主義大国 中国の行方』(KKベストセラーズ、一九九一年)二八、三一頁。椎名悦三郎追悼録刊行会『記録 椎名悦三郎』下巻(椎名悦三郎追悼録刊行会、一九八二年)一三七—一四〇頁も参照。

6 早坂茂三『政治家田中角栄』三七七頁。

7 羽田孜『志』(朝日新聞社、一九九六年)八〇頁。中川一郎代表『青嵐会——血判と憂国の論理』(浪曼、一九七三年)も参照。

8 「日本議員野良恭一、高見三郎、灘尾弘吉、玉置和郎訪華」(11-EAP-01049, 012.22/0059, 中央研究院近代史研究所所蔵)、「日本人士反対日匪建交」(11-EAP-00289, 000.7/0001, 中央研究院近代史研究所所蔵)。

9 灘尾弘吉・沈昌煥会談記録、一九七三年一〇月一日(「日匪勾搭資料」11-EAP-00568, 005.22/0006, 中央研究院近代史研究所所蔵)、灘尾弘吉先生追悼集編集委員会編『私の履歴書 灘尾弘吉』(灘尾弘吉先生追悼集編集委員会、一九九六年)一一六、一三二—一三三頁。

10 小坂善太郎『中国見たまま』(鹿島研究所出版会、一九六七年)二一—二四、六三、七七—七八、一三八頁、同『あれからこれから』一五六—一七〇頁、自由民主党編『自由民主党党史』(自由民主党、一九八七年)五八二—五八三頁、同編『自由民主党五十年史』上巻(自由民主党、二〇〇六年)三二六—三二七頁。

11 田中角栄「日中の課題は『信義』と両国民の『自由な往来』だ——いま初めて明かす日中国交回復の秘話」(『宝石』第一二巻第一一号、一九八四年)七四—七五頁。

12 小坂善太郎『あれからこれから』一七二頁。小坂善太郎「日中国交正常化協議会の会長として」(自由民主党編『自由民主党党史』証言・写真編、自由民主党、一九八七年)二三〇—二三一頁も同趣旨。

13 椎名悦三郎追悼録刊行会『記録 椎名悦三郎』下巻、一四一—一四二頁。

14 「森田一日記」一九七二年八月三日。

15 椎名悦三郎追悼録刊行会『記録 椎名悦三郎』下巻、一四二—一四三頁。

16 「森田一日記」一九七二年八月一六日。

17 「自民党日中国交正常化協議会における賀屋興宣先生の質問に対する回答」一九七二年八月一五日（情報公開法による外務省開示文書、二〇〇八―六四七）。中野士朗『田中政権・八八六日』（行政問題研究所、一九八二年）一一六―一一八頁も参照。

18 読売新聞政治部編『権力の中枢が語る自民党の三十年』（読売新聞社、一九八五年）一七三―一七四頁。

19 「森田一日記」一九七二年八月二九日。

20 椎名悦三郎追悼録刊行会『記録　椎名悦三郎』下巻、一四六―一五四頁。『月刊・自由民主』編集部『自民党政権の三十年　日本の進路を決めた男たち』（太陽企画出版、一九八六年）二二〇―二二八頁も参照。

21 政策研究大学院大学C・O・Eオーラル・政策研究プロジェクト「田川誠一オーラルヒストリー」上巻（政策研究大学院大学、二〇〇一年）二五六、二五八頁、田川誠一『日中交渉秘録　田川日記――一四年の証言』（毎日新聞社、一九七三年）三五六―三七八頁。

古井によると、「田川代議士は松村〔謙三〕、高碕〔達之助〕両先輩の遺影を胸にかかえていた。〔中略〕この一番機は田中訪中準備の放送技術者を運ぶためのものだった」（古井喜実「日中国交正常化の秘話」一三六頁）。

「国務院外弁外事簡報：日本自由民主党国会議員田川誠一致廖承志函」（105-01657-05, 中華人民共和国外交部档案館所蔵）、中共中央文献研究室編『周恩来年譜』下巻、五五〇―五五一頁も参照。

22 小坂善太郎『あれからこれから』一七五―一八七頁。「廖承志文集」編輯弁公室編／安藤彦太郎監訳『廖承志文集』下巻（徳間書店、一九九三年）五一―五七頁、中共中央文献研究室編『周恩来年譜』下巻、五五一頁も参照。

23 岡崎嘉平太伝刊行会編『岡崎嘉平太伝――信はたて糸　愛はよこ糸』（ぎょうせい、一九九二年）三七一―三七三頁。

24 「椎名悦三郎訪華」（11-EAP-01075, 012.22/0088, 中央研究院近代史研究所所蔵）、椎名悦三郎「私の履歴書」（日本経済新聞社編『私の履歴書』第四一集、日本経済新聞社、一九七〇年）二二八―二三〇頁。

25 椎名悦三郎追悼録刊行会『記録　椎名悦三郎』下巻、一五五―一五六頁。田村重信・豊島典雄・小枝義人『日華断交と日中国交正常化』二二一―二三三頁も参照。

26 松本彧彦「中華民国（台北）見聞記」（松本彧彦・邱榮金・小枝義人・丹羽文生『日台関係の新たな設計図――実務外交と草の根交流』青山社、二〇一〇年）三三頁。

27 松本彧彦『台湾海峡の懸け橋に――いま明かす日台断交秘話』（見聞ブックス、一九九六年）一三〇―一四六頁。近代日本史料研究会編「松本彧彦オーラルヒストリー」（近代日本史料研究会、二〇〇八年）二九―三三頁も同趣旨。

28 「椎名特使訪華」第三冊（11-EAP-01084, 012.22/89033, 中央研究院近代史研究所所蔵）。水野清・張群会談の外務省記録は残っていない（情報公開法による外務省開示文書、二〇一〇―六一三）。

29 水野清「佐藤栄作に『国交回復』を迫った日々」（『現代』一九九二年一一月号）一三六―一三八頁、松本彧彦『台湾海峡の懸け橋に』一四三―一四四頁、近代日本史料研究会編「松本彧彦オーラルヒストリー」三二頁、唐澤俊二郎『唐澤俊二郎オーラルヒストリー　そろそろ全部話しましょう』

（文藝春秋企画出版部、二〇〇九年）一五二頁。

30 水野清へのインタビュー、二〇一〇年一一月三〇日。

31 玉置和郎記録集編纂委員会編『政党政治家　玉置和郎』（学習研究社、一九八八年）九一―九五、六九六―六九七頁。藤尾正行「〝放言大臣〟再び吠える」（『文藝春秋』一九八六年一一月号）一一二頁も参照。

32 伊藤博教駐台臨時大使から大平正芳外相宛て電報、一九七二年九月六日（情報公開法による外務省開示文書、二〇一〇―四三八）。

33 時事通信社政治部編『日中復交』二〇七頁。

34 「第七十一回国会参議院予算委員会第二分科会会議録」第四号、一九七三年四月九日、一一頁。玉置和郎「青嵐会の将来と日本――日本に道義を取りもどそう」（中川一郎代表『青嵐会――血判と憂国の論理』浪曼、一九七三年）一七六―一七九頁も参照。

35 『サンケイ』一九七七年三月三〇日。椎名悦三郎追悼録刊行会『記録　椎名悦三郎』下巻、一九二頁、中江要介『残された社会主義大国　中国の行方』三〇頁、福本邦雄『表舞台裏舞台――福本邦雄回顧録』（講談社、二〇〇七年）五四―五五、六五、六九―七〇頁も参照。

36 中江要介『日中外交の証言』（蒼天社出版、二〇〇八年）一〇七頁。

37 『サンケイ』一九七七年三月三〇日、椎名悦三郎追悼録刊行会『記録　椎名悦三郎』下巻、一九二頁。

38 中江要介「生卵をぶつけられた日台断交使節団」（『現代』一九九二年一二月号）一三九―一四〇頁。

39 中江要介『らしくない大使のお話』五四頁。

40 森田一『心の一燈　回想の大平正芳』一一〇―一一一頁。田村重信・豊島典雄・小枝義人『日華断交と日中国交正常化』二三一―二三三頁も参照。

41 中江要介『アジア外交　動と静』一二九―一三〇頁。

42 中江要介「日中正常化と台湾」（『社会科学研究』第二四巻第一号、二〇〇三年）九八頁。

43 竹下登『証言　保守政権』（読売新聞社、一九九一年）八三―八五頁、竹下登／政策研究大学院大学政策情報プロジェクトCOEオーラル・政策研究プロジェクト監修『政治とは何か――竹下登回顧録』（講談社、二〇〇一年）二七四―二七八頁も参照。

44 中江要介『アジア外交　動と静』一三三―一三四頁。中江要介『らしくない大使のお話』五三―五五頁、同「日中正常化と台湾」九八頁も参照。

45 小倉和夫「別れの外交のドラマ――日中国交正常化時の対台湾外交といわゆる『田中親書』をめぐって」（石井明ほか編『記録と考証　日中国交正常化・日中平和友好条約締結交渉』）三三〇頁。

46 橋本へのインタビュー、二〇〇八年一一月八日。

47 「田中総理の蔣介石総統宛親書（案）」年月日不明（情報公開法による外務省開示文書、二〇一〇―二六七）。

48 橋本へのインタビュー、二〇〇八年一一月八日。

49 木村貢『総理の品格』二四頁。

50 椎名悦三郎追悼録刊行会『記録　椎名悦三郎』下巻、一七五頁。

51 石井明ほか編『記録と考証　日中国交正常化・日中平和友好条約締結交渉』一四五―一四九頁。髙橋政陽・若山樹一郎

「当事者が明らかにした三〇年目の新事実　『日中』か『日台』かで揺れた日本外交」（『中央公論』二〇〇三年四月号）六〇—七四頁も参照。

52　小倉和夫「別れの外交のドラマ」二三一頁。

53　小倉和夫へのインタビュー、二〇一〇年六月一日。

54　宇山厚駐台大使から大平宛て電報、一九七二年九月一五日（情報公開法による外務省開示文書、二〇〇八—七一五）。

55　宇山から大平、一九七二年九月一五日（同前）。

56　『毎日新聞』一九七二年九月一八日。『読売新聞』一九七二年九月一八日、中江要介「生卵をぶつけられた日台断交使節団」一四〇頁、田村重信・豊島典雄・小枝義人『日華断交と日中国交正常化』五一—五七頁も参照。

57　松本彧彦『台湾海峡の懸け橋に』一五六—一五九頁、近代日本史料研究会編「松本彧彦オーラルヒストリー」三四—三九頁。玉置和郎記録集編纂委員会編『政党政治家　玉置和郎』九六頁も参照。

58　若山喬一へのインタビュー、二〇一〇年八月三日。

59　松本彧彦『台湾海峡の懸け橋に』一五九—一六一頁。

60　中江要介『日中外交の証言』一〇五—一〇六頁。

61　宇山から大平宛て電報、一九七二年九月二一日（情報公開法による外務省開示文書、〇一—一九三三—一六、外務省外交史料館所蔵）に何応欽発言要旨が収録されている。

62　椎名・厳会談記録、一九七二年九月一八日（「椎名特使訪華」第三冊）。

63　宇山から大平、一九七二年九月一八日（情報公開法による外務省開示文書、二〇〇八—七一五）。石井明「日台断交時の『田中親書』をめぐって」九〇—九八頁、石井明ほか編『記録と考証　日中国交正常化・日中平和友好条約締結交渉』一四五頁も参照。

64　「民国六十一年蔣経国大事日記略稿」（「蔣経国総統文物」005000000235A）。

65　中江要介「椎名悦三郎・蔣経国会談記録——『中江メモ』」（『社会科学研究』第二四巻第一号、二〇〇三年）五九—八〇頁。

66　中江要介『アジア外交　動と静』一三九—一四〇頁。

67　小坂善太郎『あれからこれから』一八六頁。小坂善太郎「日中国交正常化協議会の会長として」二三一頁も同趣旨。

68　松本彧彦『台湾海峡の懸け橋に』一八一—一八二頁。

69　中江要介『残された社会主義大国　中国の行方』三二—三四頁。

70　「森田一日記」一九七二年九月二〇日。

71　椎名悦三郎「日中問題覚書」年月日不明（「椎名悦三郎関係文書」七八、国立国会図書館憲政資料室所蔵）。

72　福本邦雄『表舞台　裏舞台』三九—四〇頁。

73　大平正芳回想録刊行会編『永遠の今』（大平事務所、一九八〇年）四六五頁、内閣総理大臣官房監修『大平内閣総理大臣演説集』（日本広報協会、一九八〇年）四五三頁。

74　椎名悦三郎追悼録刊行会『記録　椎名悦三郎』下巻、一七六頁。張群『我與日本七十年』（台北：中日関係研究会、一九八〇年）二六五—二六六頁、張群／古屋奎二訳『日華・風雲の七十年』（サンケイ出版、一九八〇年）二七九—二八〇頁、林金莖『梅と桜——戦後の日華関係』（サンケイ出版、一九八四年）二九五—二九六頁も参照。

75　木内へのインタビュー、二〇一〇年六月一九日。

76 佐藤昭子『田中角栄』三六、一〇六頁。
77 後藤田正晴「私の履歴書」（岸信介・河野一郎・福田赳夫・後藤田正晴・田中角栄・中曽根康弘『私の履歴書　保守政権の担い手』日経ビジネス人文庫、二〇〇七年）二九一頁。後藤田正晴／御厨貴監修『情と理――カミソリ後藤田回顧録』上巻（講談社+α文庫、二〇〇六年）三三八―三四四頁も参照。
78 橋本恕「英雄と英雄の対決」（田中角栄記念館編『私の中の田中角栄』）九五―九六頁。
79 森田一『心の一燈　回想の大平正芳』一一二頁。
80『日本経済新聞』二〇一〇年四月八日夕刊。

## 第6章

1『朝日新聞』一九九七年八月二七日。
2 中共中央文献研究室編『建国以来毛沢東文稿』第一三冊（北京：中央文献出版社、一九九八年）三一六頁。胡鳴「日中国交正常化における中国の対日外交戦略」（『国際公共政策研究』第一一巻第二号、二〇〇七年）二三七―二三八頁も参照。
3『朝日新聞』一九九七年八月二七日。
4 小長へのインタビュー、二〇一〇年六月一一日。
5『朝日新聞』一九七二年九月二五日夕刊。
6 田中角栄「日中の課題は『信義』と両国民の『自由な往来』だ」七六頁。
7『朝日新聞』一九九七年八月二七日。
8 栗山尚一『外交証言録　沖縄返還・日中国交正常化・日米「密約」』一二八頁。
9『朝日新聞』一九七二年九月二五日夕刊。
10 時事通信社政治部編『日中復交』四七頁。
11 早坂茂三『政治家田中角栄』三六四頁、ＮＨＫ取材班『周恩来の決断』一四一―一四二頁、劉徳有『時は流れて』下巻、五一六頁。
12 石井明ほか編『記録と考証　日中国交正常化・日中平和友好条約締結交渉』五二―五五頁。中国側の文献として、中共中央文献研究室編『周恩来年譜』下巻、五五二―五五五頁、孫平化「中日復交談判回顧」（『日本学刊』一九九八年第一期）三四―四八頁。
13 橋本から筆者宛て書簡、二〇〇九年二月二六日。
14 時事通信社政治部編『日中復交』四八頁。
15『毎日新聞』一九七二年九月二六日。
16『朝日新聞』一九七二年九月二六日。
17 時事通信社政治部編『日中復交』四八頁、『朝日新聞』一九七二年九月二五、二六日。自由民主党広報委員会出版局編『秘録・戦後政治の実像』（自由民主党広報委員会出版局、一九七六年）三五七―三五八頁、佐藤昭子『田中角栄』一九八頁、霞山会『日中関係基本資料　一九四九年―一九九七年』四二二―四二三頁も参照。
18 *New York Times*, September 26, 1972; *Washington Post*, September 26, 1972;『読売新聞』一九七二年九月二七日夕刊。矢吹晋『激辛書評で知る　中国の政治・経済の虚実』一〇一―一〇二頁も参照。
19 橋本へのインタビュー、二〇〇八年一一月八日。栗山尚一『外交証言録　沖縄返還・日中国交正常化・日米「密約」』一三〇頁も参照。

20 田中は一九七二年九月二一日、記者団との懇談でも同じ趣旨の発言をしている。『朝日新聞』一九七二年九月二二日、田畑光永「一九七二年九月二五日—二八日の北京」（石井明ほか編『記録と考証　日中国交正常化・日中平和友好条約締結交渉』）二四五頁。

21 姫鵬飛「飲水不忘掘井人」（NHK採訪組／肖紅訳『周恩来的決断——日中邦交正常化的来竜去脈』北京：中国青年出版社、一九九四年）一六七頁、同「飲水不忘掘井人——中日建交紀実」（安建設編『周恩来的最後歳月（一九六六—一九七六）』北京：中央文献出版社、一九九五年）二九〇頁。矢吹晋「依然解消されない日中『歴史認識』のモヤモヤ」（『世界週報』二〇〇二年一〇月二九日号）四三頁、同『激辛書評で知る　中国の政治・経済の虚実』一〇六頁も参照。

22 若山へのインタビュー、二〇一〇年八月三日。

23 『朝日新聞』二〇〇八年二月二六日、朝日新聞取材班『歴史は生きている——東アジアの近現代がわかる一〇のテーマ』（朝日新聞出版、二〇〇八年）二五一頁。林麗韞については、小川平四郎『北京の四年』（サイマル出版会、一九七七年）四六—四七頁のほか、本田善彦『日・中・台　視えざる絆——中国首脳通訳のみた外交秘録』（日本経済新聞社、二〇〇六年）が詳しい。

24 小原育夫へのインタビュー、二〇〇九年三月一八日。栗山尚一『外交証言録　沖縄返還・日中国交正常化・日米「密約」』一三〇頁も参照。

**第7章**

1 石井明ほか編『記録と考証　日中国交正常化・日中平和友好条約締結交渉』八三—八四頁。

2 栗山尚一へのインタビュー、二〇〇九年三月一〇日、栗山尚一『外交証言録　沖縄返還・日中国交正常化・日米「密約」』五〇—五一頁。

3 石井明ほか編『記録と考証　日中国交正常化・日中平和友好条約締結交渉』八五—八六、一一〇—一二〇頁。

4 「森田一日記」一九七二年九月二六日。

5 石井明ほか編『記録と考証　日中国交正常化・日中平和友好条約締結交渉』五六頁。

6 田畑光永「一九七二年九月二五日—二八日の北京」二四一—二四二頁。

7 石井明ほか編『記録と考証　日中国交正常化・日中平和友好条約締結交渉』五六—六〇頁。

8 橋本恕「日中国交正常化交渉」（大平正芳記念財団編『去華就實　聞き書き大平正芳』大平正芳記念財団、二〇〇〇年）一五八頁。

9 橋本へのインタビュー、二〇〇八年一一月八日。栗山尚一『外交証言録　沖縄返還・日中国交正常化・日米「密約」』一二八頁も参照。

10 中江要介『らしくない大使のお話』二八頁。

11 田中角栄「日中の課題は『信義』と両国民の『自由な往来』だ」七八—七九頁。倪志敏「田中内閣における中日国交正常化と大平正芳（その四）」七八頁も参照。

12 姫鵬飛「飲水不忘掘井人」（NHK採訪組『周恩来的決断』）一六七頁、同「飲水不忘掘井人」（安建設編『周恩来的最後歳月』）二九〇頁。

13 張香山「回顧し、思考し、提言する」（『人民中国』第五九

○号、二〇〇二年）二三頁。

14 橋本へのインタビュー、二〇〇八年一一月八日。

15 石井明ほか編『記録と考証　日中国交正常化・日中平和友好条約締結交渉』八六—九一頁。

16 橋本へのインタビュー、二〇〇八年一一月八日。

17 栗山尚一『外交証言録　沖縄返還・日中国交正常化・日米「密約」』一二九、一三三—一三七頁。同「日中国交正常化」（『早稲田法学』第七四巻四—一号、一九九九年）五五頁、同「台湾問題についての日本の立場——日中共同声明第三項の意味」（『霞関会会報』第七三八号、二〇〇七年）一一—一五頁、東郷和彦『歴史と外交——靖国・アジア・東京裁判』（講談社現代新書、二〇〇八年）一八〇—一八二頁も参照。

18 橋本へのインタビュー、二〇〇八年一一月八日。橋本恕「英雄と英雄の対決」九六—九七頁も参照。

19 橋本へのインタビュー、二〇〇八年一一月八日。

## 第8章

1 『朝日新聞』一九七二年九月二七日夕刊、九月二八日。

2 石井明ほか編『記録と考証　日中国交正常化・日中平和友好条約締結交渉』九一—九三頁。

3 「森田一日記」一九七二年九月二七日。

4 石井明ほか編『記録と考証　日中国交正常化・日中平和友好条約締結交渉』六〇—六九頁。張香山「張香山回想録（下）」（『論座』一九九八年一月号）二〇七頁も参照。

5 外務省アメリカ局北米第一課「沖縄返還問題（吉野・スナイダー会談）」一九七一年五月六日（「地位協定・SOFAの適用（STG—施設・区域）（5）」B'.5.1.0.J/U24, CD-R H22-011, 外務省外交史料館所蔵）、北米第一課「沖縄返還問題（愛知大臣・マイヤー大使会談）」五月一一日（「沖縄関係一七」0600-2010-00029, CD-R H22-012, 外務省外交史料館所蔵）、中山賀博駐仏大使から愛知揆一外相、六月九日（「沖縄関係一七」）。

6 大熊良一「尖閣諸島の歴史と領有権」自由民主党広報委員会出版局、一九七二年八月（「三木武夫関係資料」四五三二）。

7 橋本へのインタビュー、二〇〇八年一一月八日。

8 橋本から筆者宛て書簡、二〇〇八年一二月一五日。

9 橋本へのインタビュー、二〇〇八年一一月八日。

10 自由民主党広報委員会出版局編『秘録・戦後政治の実像』三五四頁。横堀克己「歴史の新たな一ページが開かれた夜——毛・田中会談を再現する」（石井明ほか編『記録と考証　日中国交正常化・日中平和友好条約締結交渉』）二五六—二六〇頁も参照。

11 石井明ほか編『記録と考証　日中国交正常化・日中平和友好条約締結交渉』一二七—一三〇頁。原書は、毛沢東「解決中日復交問題・是靠自民党政府」一九七二年九月二七日（中華人民共和国外交部・中共中央文献研究室編『毛沢東外交文選』北京：中央文献出版社、一九九四年）五九八—五九九頁。王泰平主編／張光佑・馬可錚副主編『新中国外交五〇年』上巻（北京：北京出版社、一九九九年）四四八—四五一頁、城山英巳『中国共産党「天皇工作」秘録』（文春新書、二〇〇九年）一五三頁も参照。

12 「森田一日記」一九七二年九月二七日。

13 横堀克己「歴史の新たな一ページが開かれた夜」二六二—二六三頁。

14 時事通信社政治部編『日中復交』二〇一頁。
15 王泰平／青木麗子訳『大河奔流』（奈良日日新聞社、二〇〇二年）一七四―一七五頁。石井明ほか編『記録と考証　日中国交正常化・日中平和友好条約締結交渉』一二七頁、二階堂進「日中国交正常化」（読売新聞政治部編『権力の中枢が語る自民党の三十年』読売新聞社、一九八五年）一七八頁も参照。
16 二階堂進「日中国交秘話　中南海の一夜」（『正論』一九九二年一〇月号）七〇頁。
17 橋本へのインタビュー、二〇〇八年一一月八日。通訳の周斌は、毛が『楚辞集注』をニクソンにも贈っており、他意はなかったと述べている。久能靖「角栄・周恩来会談　最後の証言」三六五頁。
18 石井明ほか編『記録と考証　日中国交正常化・日中平和友好条約締結交渉』九四―一〇九頁。
19 橋本へのインタビュー、二〇〇八年一一月八日。
20 森田一『心の一燈　回想の大平正芳』一一九頁。

**第9章**

1 石井明ほか編『記録と考証　日中国交正常化・日中平和友好条約締結交渉』六九―七四頁。
2 『朝日新聞』一九七二年九月二九日。
3 栗山へのインタビュー、二〇〇九年一〇月一五日、栗山尚一『外交証言録　沖縄返還・日中国交正常化・日米「密約」』九一頁。
4 『朝日新聞』一九七二年九月二九日夕刊、林金莖『戦後の日華関係と国際法』（有斐閣、一九八七年）一一六頁。
5 「田中首相より蔣総統へのメッセージ」（「田中内閣與匪勾搭（電報）」第二冊、11-EAP-00574, 005.22/0012, 中央研究院近代史研究所所蔵）。林金莖『戦後の日華関係と国際法』一一六頁、『朝日新聞』一九七二年九月二九日夕刊も参照。
6 駐日台湾大使館から外交部、一九七二年九月二九日（「田中内閣與匪勾搭（電報）」第二冊）、黄自進訪問・簡佳慧紀録『林金莖先生訪問紀録』（台北：中央研究院近代史研究所、二〇〇三年）八三―八四頁。
7 中曽根康弘外相代理から宇山宛て電報、一九七二年九月二九日（情報公開法による外務省開示文書、二〇一〇―二七一）、中曽根から宇山、九月二八日（情報公開法による外務省開示文書、二〇一〇―四五二）。『朝日新聞』一九七二年九月二九日夕刊も参照。
8 小倉へのインタビュー、二〇一〇年六月一日。
9 『朝日新聞』一九七二年九月二九日夕刊。
10 日本国政府と中華人民共和国政府の共同声明、一九七二年九月二九日（情報公開法による外務省開示文書、二〇〇九―二五八）。霞山会『日中関係基本資料集　一九四九年―一九九七年』四二八―四二九頁とは微妙に異なっている。
11 『朝日新聞』一九七二年九月二九日夕刊。
12 同前。
13 阿部穆「中国の大平さん」（木村貢『総理の品格』）一一七頁。
14 伊藤昌哉『自民党戦国史』上巻、一〇五頁。
15 栗山尚一「日中国交正常化」五二―五三頁。金沖及主編／劉俊南・譚佐強訳『周恩来伝　一九四九―一九七六』下巻（岩波書店、二〇〇〇年）三四〇―三四一頁によると、「中国

側は共同声明で『日台条約』に触れないことに同意した」。

16 栗山尚一『外交証言録 沖縄返還・日中国交正常化・日米「密約」』一三一―一三三、一二五頁。栗山尚一「日中共同声明の解説」（時事通信社政治部編『日中復交』）二一一―二二二頁も参照。

17 『人民日報』一九七二年九月三〇日。

18 栗山尚一『外交証言録 沖縄返還・日中国交正常化・日米「密約」』一四三―一四四頁。

19 時事通信社政治部編『日中復交』五三―五四頁。『朝日新聞』一九七二年九月二九日夕刊、九月三〇日も参照。

20 『朝日新聞』一九七二年九月二九日夕刊。

21 『日本経済新聞』二〇一〇年四月八日夕刊。

22 『環球時報』二〇〇二年八月二六日。阮虹『一個外交家的経歴――韓叙伝』（北京：世界知識出版社、二〇〇四年）一四八頁も参照。

23 二階堂進「日中国交秘話 中南海の一夜」七一頁。

24 『日本経済新聞』二〇一〇年四月八日夕刊。森田一『心の一燈 回想の大平正芳』一五頁も参照。

25 「上海人民広播電台関于一九七二年田中一行随訪記者参観馬橋和市舞踏学校的具体安排」（B92-2-1594、上海市档案館所蔵）、「上海人民広播電台関于一九七二年接待田中弁公室各組名単及工作人員登記表」（B92-2-1596、上海市档案館所蔵）、時事通信社政治部編『日中復交』五四頁。

26 木内へのインタビュー、二〇一〇年六月一九日。

27 時事通信社政治部編『日中復交』五四頁、『朝日新聞』一九七二年九月三〇日。

28 森田一『心の一燈 回想の大平正芳』一五―一六頁。本田善彦『日・中・台 視えざる絆』三五―三六頁も参照。

29 「日匪建交資料」（11-EAP-00570、005.22/0008、中央研究院近代史研究所所蔵）、『中央日報』一九七二年九月三〇日。『朝日新聞』一九七二年九月三〇日、霞山会『日中関係基本資料集 一九四九年―一九九七年』四三四―四三五頁も参照。

30 中江要介『アジア外交 動と静』一五六頁。

31 林金莖『梅と桜』三〇八頁。

32 『読売新聞』一九七二年九月三〇日夕刊。『朝日新聞』一九七二年一〇月二日も参照。

33 『朝日新聞』一九七二年九月三〇日夕刊。

34 『読売新聞』一九七二年九月三〇日夕刊。『朝日新聞』一九七二年九月三〇日夕刊も参照。

35 霞山会『日中関係基本資料集 一九四九年―一九九七年』四三六頁。『朝日新聞』一九七二年九月三〇日夕刊も参照。

36 『朝日新聞』一九七二年九月三〇日夕刊。

37 霞山会『日中関係基本資料集 一九四九年―一九九七年』四三七―四四六頁。

38 『朝日新聞』一九七二年一〇月一日。

39 羽田孜『志』八〇―八二頁。

40 時事通信社政治部編『日中復交』一九八―二一〇頁。林金莖『梅と桜』三二一―三二三頁、『朝日新聞』一九七二年一〇月一日も参照。

41 木内へのインタビュー、二〇一〇年六月一九日。

42 「森田一日記」一九七二年九月三〇日。

43 佐藤昭子『決定版 私の田中角栄日記』一二三、一二五頁。

44 日米協会における田中スピーチ、一九七二年一〇月一八日（「日中国交正常化／国会関係」SA.1.2.2、要公開準備制度二

〇一〇―六二四一、外務省外交史料館所蔵)。

45 時事通信社政治部編『日中復交』一九五―一九六頁。

46 石橋政嗣「日中国交正常化問題」一九七二年一一月二日(「石橋政嗣関係文書」三七、国立国会図書館憲政資料室所蔵)。日本共産党以外の野党が田中の帰国を空港に出迎えたことについては、『朝日新聞』一九七二年九月三〇日、九月三〇日夕刊参照。

47 「第七十回国会衆議院予算委員会議録」第二号、一九七二年一一月二日。

48 「第七十回国会衆議院予算委員会議録」第五号、一九七二年一一月八日。

49 栗山尚一「日中国交正常化」四九―五〇頁。

50 鹿島平和研究所編『日本外交主要文書・年表』第三巻、七四、七六頁、大河原良雄『オーラルヒストリー　日米外交』(ジャパンタイムズ、二〇〇六年)二三九頁。

51 森田一『心の一燈　回想の大平正芳』一二一―一二二、一二六頁。

52 永野信利『外務省研究』七六頁、大庭三枝『アジア太平洋地域形成への道程――境界国家日豪のアイデンティティ模索と地域主義』(ミネルヴァ書房、二〇〇四年)二〇〇頁。

53 鹿島平和研究所編『日本外交主要文書・年表』第三巻、七四頁。

54 NHK取材班『周恩来の決断』一三三―一三六頁。『朝日新聞』一九九七年八月二七日、川島真・毛里和子『グローバル中国への道程――外交一五〇年』(岩波書店、二〇〇九年)一二五頁も参照。

55 中江要介「胡耀邦が支えた日中友好」二七頁。

## 終章

1 金熙徳『中日關係――復交三〇周年的思考』(世界知識出版社、二〇〇二年)八七―一二八頁、金熙徳/董宏・鄭成・須藤健太郎訳『二一世紀の日中関係――戦争・友好から地域統合のパートナーへ』(日本僑報社、二〇〇四年)八三―一二三頁、毛里和子『日中関係』九〇―九四頁。日台「実務関係」、中華民国台湾化の外部環境という意味での「(一九)七二年体制」については、松田康博「台湾問題の新展開」(家近亮子・松田康博・段瑞聡編著『岐路に立つ日中関係――過去との対話・未来への模索』晃洋書房、二〇〇七年)二一七頁、若林正丈『台湾の政治――中華民国台湾化の戦後史』(東京大学出版会、二〇〇八年)一一八、三六七―三六八、四二五頁。

2 栗山尚一『外交証言録　沖縄返還・日中国交正常化・日米「密約」』一一七―一一八、一二五、一三六頁。

3 同前、一三二頁。

4 同前、一二八頁。

5 橋本へのインタビュー、二〇〇八年一一月一日。

6 小長へのインタビュー、二〇一〇年六月一一日。

7 栗山尚一『外交証言録　沖縄返還・日中国交正常化・日米「密約」』一二九頁。

8 二階堂進「日中国交秘話　中南海の一夜」六六頁。

9 古井喜実「日中国交正常化の秘話」一四七頁。中江要介「歴史認識問題をめぐって」(『外交フォーラム　臨時増刊　中国』一九九七年)一二二頁も参照。

10 栗山尚一『外交証言録　沖縄返還・日中国交正常化・日米

「密約」』二一三頁。

11 吉田重信『「中国への長い旅」元外交官の備忘録』六四頁。天児慧『巨龍の胎動 毛沢東vs鄧小平』（講談社、二〇〇四年）二二〇頁も参照。

12 橋本へのインタビュー、二〇〇八年一一月八日。

13 吉田健三「対中経済協力の幕開け」（『外交フォーラム 臨時増刊 中国』一九九七年）一二五頁。

14 藤山愛一郎『政治 わが道 藤山愛一郎回想録』二二四―二二五頁。

15 森田一『心の一燈 回想の大平正芳』二〇五頁。

### 第二版での付記

本書の初版刊行後、栗山尚一氏から二〇一一年五月二七日付け書簡で次のような指摘を受けた。

第一に、第一回田中・周恩来会談は全体会議の形式であったため、日本側は吉田健三アジア局長、高島益郎条約局長、栗山尚一条約課長も出席していた。第二回会談以降は、本書の通りである。

第二に、台湾の地位に関する腹案については、第一回大平・姫鵬飛会談で高島局長が読み上げた対中説明要領で内容をあらかじめ口頭で説明してあり、腹案はそれを二〇字で表現したものである。

第三に、日華平和条約の終了に関する大平談話は、同条約を廃棄するのではなく、政府承認の変更にともなう随伴効果によるいわば「自然死」という考え方である。この理論武装は、中国の復交三原則における第三原則を受け入れないために、当時条約局が内閣法制局と密接に協議した結果によるもので、苦心の策だった。「日華平和条約は存続の意義を失い、終了したものと認められる」とは、そのような意味である。

# 参考文献


**外務省外交史料館所蔵文書**

「田中総理訪米（ハワイ会談）関係（一九七二・八）会談関係」A'.1.5.2.24-1, CD-R A'-435

「地位協定・SOFAの適用（STG—施設・区域）（5）」B'.5.1.0.J/U24, CD-R H22-011

「本邦対中共貿易関係　民間貿易協定関係　高碕・廖覚書交換（一九六二年）」E'.2.5.2.2-1-2, Reel E'-0212

「沖縄関係一七」0600-2010-00029, CD-R H22-012

「日中国交正常化／国会関係」SA.1.2.2, 要公開準備制度二〇一〇—六二四一

「椎名特派大使一行名簿」情報公開法による外務省開示文書、〇一—一九三三—二

宇山厚駐台大使から大平正芳外相宛て電報、一九七二年九月二一日、情報公開法による外務省開示文書、〇一—一九三三—一六

牛場信彦駐米大使から福田赳夫外相宛て電報、一九七一年七月一五日、情報公開法による外務省開示文書、〇二—一二三四—一

**情報公開法による外務省開示文書**

外務省アメリカ局北米第一課「田中総理大臣の米国訪問（ハワイ会談）」一九七二年九月（二〇〇八—六四五）

「日米首脳会談（第一回会談）」一九七二年八月三一日、「第一回合同会談」八月三一日、「日米首脳会談（第二回会談）」九月一日（二〇〇八—六四五）

外務省アジア局中国課「佐々木議員の大臣に対する訪中報告」一九七二年七月二四日（二〇〇八—六四七）

外務省アジア局中国課「総理訪中先遣隊について」年月日不明（二〇〇八—六四七）

「自民党日中国交正常化協議会における賀屋興宣先生の質問に対する回答」一九七二年八月一五日（二〇〇八—六四七）

宇山から大平宛て電報、一九七二年九月一五、一八、二一日（二〇〇八—七一五）

「大平外相彭大使会談録」一九七二年七月二五日（二〇〇八—一〇四五）

「日本国政府と中華人民共和国政府の共同声明」一九七二年九月二九日（二〇〇九—二五八）

「田中総理の蔣介石総統宛親書（案）」年月日不明（二〇

一〇—二六七）
中曽根康弘外相代理から宇山宛て電報、一九七二年九月二九日（二〇一〇—二七一）
伊藤博教駐台臨時大使から大平宛て電報、一九七二年九月六日（二〇一〇—四三八）
中曽根から宇山宛て電報、一九七二年九月二八日（二〇一〇—四五二）
「中国問題対策協議会第一回会議要録」一九七二年八月二日、「中国問題対策協議会第二回会議要録」八月四日、「中国問題対策協議会第三回会議要録」八月九日、「中国問題対策協議会第四回会議要録」八月一二日、「中国問題対策協議会第五回会議要録」八月一六日（二〇一〇—四七二）
水野清・張群会談（不存在）、一九七二年九月一二日（二〇一〇—六一三）

**中央研究院近代史研究所所蔵文書**

「日本人士反対日匪建交」11-EAP-00289, 000.7/0001
「日匪勾搭前後」11-EAP-00567, 005.22/0005
「日匪勾搭資料」11-EAP-00568, 005.22/0006
「日匪建交資料」11-EAP-00570, 005.22/0008
「田中内閣與匪勾搭（電報）」第一冊、11-EAP-00573, 005.22/0011
「田中内閣與匪勾搭（電報）」第二冊、11-EAP-00574, 005.22/0012
「日本議員野良恭一、高見三郎、灘尾弘吉、玉置和郎訪華」11-EAP-01049, 012.22/0059
「椎名悦三郎訪華」、11-EAP-01075, 012.22/0088
「椎名特使訪華」第三冊、11-EAP-01084, 012.22/89033

**国史館所蔵文書**

「蔣経国総統文物」

**中華人民共和国外交部档案館所蔵文書**

「廖承志関于接待高碕達之助及其随行人員的請示、来訪人物材料和言論」105-01151-01
「国務院外弁外事簡報：日本自由民主党国会議員田川誠一致廖承志函」105-01657-05
「国務院外弁外事簡報：日本社会党佐佐木更三給廖承志的信」105-01657-11
「国務院外弁外事簡報：日本佐佐木更三致函廖承志提出三項要求」105-01759-28
「毛沢東主席接見佐佐木更三、黒田寿男、細迫兼光等日本社会党中、左派人士談話記録」105-01897-01
「周恩来総理接見日本社会党人談話——関于日本〝南千島〟問題部份」105-01897-04

**上海市档案館所蔵文書**

「上海人民広播電台関于一九七二年田中一行随訪記者参観馬橋和市舞踏学校的具体安排」B92-2-1594

「上海人民広播電台関于一九七二年接待田中弁公室各組名単及工作人員登記表」B92-2-1596

**個人文書**

「石橋政嗣関係文書」国立国会図書館憲政資料室所蔵
「岡崎嘉平太関係文書」岡崎嘉平太記念館所蔵
「賀屋興宣談話速記録」国立国会図書館憲政資料室所蔵
「椎名悦三郎関係文書」国立国会図書館憲政資料室所蔵
「高碕達之助文書」東洋食品研究所所蔵
橋本恕から筆者宛て書簡、二〇〇八年一二月一五日、二〇〇九年二月二六日、四月二日
「三木武夫関係資料」明治大学史資料センター所蔵
「森田一日記」

**国会議事録**

「第四十六回国会衆議院外務委員会議録」第二号、一九六四年二月一二日
「第六十八回国会衆議院予算委員会第四分科会議録」第四号、一九七二年三月二三日
「第七十回国会衆議院予算委員会議録」第二、五号、一九七二年一一月二日、一一月八日
「第七十一回国会参議院予算委員会第二分科会会議録」第四号、一九七三年四月九日

**インタビュー**（ ）内は一九七二年九月頃の役職

小倉和夫（外務省アジア局中国課首席事務官）二〇一〇年六月一日
小原育夫（香港総領事館員）二〇〇九年三月一八日
木内昭胤（首相秘書官〈外務省〉）二〇一〇年六月一九日
栗山尚一（外務省条約局条約課長）二〇〇八年九月四日、九月一七日、二〇〇九年三月一〇日、一〇月一五日、二〇一〇年四月八日
小長啓一（首相秘書官〈通産省〉）二〇一〇年六月一一日
中江要介（外務省アジア局外務参事官）二〇〇九年一月二四日、二月二一日、三月二一日
中曽根康弘（通商産業大臣、外務大臣代理）二〇〇九年八月六日
野田毅（大蔵官僚、のちに衆議院議員）二〇一〇年九月二八日
橋本恕（外務省アジア局中国課長）二〇〇八年一一月一日、一一月八日
水野清（衆議院議員）二〇一〇年一一月三〇日
森田一（外務大臣秘書官〈大蔵省〉）二〇〇九年九月五日、九月一九日、一〇月三日、一〇月二四日
若山喬一（外務省研修所事務官）二〇一〇年八月三日
渡邊幸治（外務省経済局国際機関第二課長）二〇〇九年四月一八日

匿名外交官、二〇一〇年四月一日

**新聞・機関紙**

『朝日新聞』
『サンケイ』
『日本経済新聞』
『毎日新聞』
『読売新聞』
*New York Times*
*Washington Post*
『参考消息』
『環球時報』
『人民日報』
『中央日報』

**史料集**

石井明・朱建栄・添谷芳秀・林暁光編『記録と考証 日中国交正常化・日中平和友好条約締結交渉』(岩波書店、二〇〇三年)
石井修監修『ニクソン大統領文書――田中角栄・ニクソン会談関係文書ほか』第二巻(柏書房、二〇〇九年)
霞山会『日中関係基本資料集 一九四九年―一九九七年』(霞山会、一九九八年)
鹿島平和研究所編『日本外交主要文書・年表』第三巻(原書房、一九八五年)
日中国交回復促進議員連盟編『日中国交回復――関係資料集』(日中国交資料委員会、一九七二年)
細谷千博・有賀貞・石井修・佐々木卓也編『日米関係資料集 一九四五―九七』(東京大学出版会、一九九九年)
田桓主編『戦後中日関係文献集――一九四五～一九七〇』(北京:中国社会科学出版社、一九九六年)
田桓主編『戦後中日関係文献集――一九七一～一九九五』(北京:中国社会科学出版社、一九九七年)

**回想録・日記など**

朝賀昭「人間・田中角栄の実像」(『新潮45』二〇一〇年七月号)
阿部穆「中国の大平さん」(木村貢『総理の品格――官邸秘書官が見た歴代宰相の素顔』徳間書店、二〇〇六年)
石橋政嗣『石橋政嗣回想録――「五五年体制」内側からの証言』(田畑書店、一九九九年)
伊藤武雄・岡崎嘉平太・松本重治/阪谷芳直・戴国煇編『われらの生涯のなかの中国――六十年の回顧』(みすず書房、一九八三年)
伊藤昌哉『自民党戦国史』上巻(ちくま文庫、二〇〇九年)
牛場信彦/聞き手・山本正『牛場信彦 経済外交への証言』(ダイヤモンド社、一九八四年)

## 参考文献


大河原良雄『オーラルヒストリー　日米外交』（ジャパンタイムズ、二〇〇六年）

大平正芳『私の履歴書』（日本経済新聞社、一九七八年）

大平正芳回想録刊行会編『永遠の今』（大平事務所、一九八〇年）

大平正芳回想録刊行会編『大平正芳回想録――伝記編』（大平正芳回想録刊行会、一九八二年）

大平正芳回想録刊行会編『大平正芳回想録――資料編』（大平正芳回想録刊行会、一九八二年）

岡崎嘉平太「私の履歴書」（日本経済新聞社編『私の履歴書』第三二集、日本経済新聞社、一九六八年）

岡崎嘉平太『中国問題への道』（春秋社、一九七一年）

岡崎嘉平太『私の記録』（東方書店、一九七九年）

岡崎嘉平太『終りなき日中の旅』（原書房、一九八四年）

岡崎嘉平太「日中関係の今後」（『紀要　第二号　岡崎嘉平太　講演集二』二〇〇五年）

岡崎嘉平太「これからの日中問題」（『紀要　第三号　岡崎嘉平太　講演集三』二〇〇六年）

岡崎嘉平太伝刊行会編『岡崎嘉平太伝――信はたて糸愛はよこ糸』（ぎょうせい、一九九二年）

岡田晃『水鳥外交秘話――ある外交官の証言』（中央公論社、一九八三年）

小川平四郎『北京の四年』（サイマル出版会、一九七七年）

小倉和夫「別れの外交のドラマ――日中国交正常化時の対台湾外交といわゆる『田中親書』をめぐって」（石井明・朱建栄・添谷芳秀・林暁光編『記録と考証　日中国交正常化・日中平和友好条約締結交渉』岩波書店、二〇〇三年）

海部俊樹「三たび交えた私が感じるどうしようもない小沢の性癖」（『新潮45別冊「小沢一郎」研究』二〇一〇年四月号）

唐澤俊二郎『唐澤俊二郎オーラルヒストリー　そろそろ全部話しましょう』（文藝春秋企画出版部、二〇〇九年）

木内昭胤「田中角栄氏の外交手腕」（田中角栄記念館編『私の中の田中角栄』田中角栄記念館、二〇〇五年）

岸本弘一『一誠の道――保利茂と戦後政治』（毎日新聞社、一九八一年）

木村貢『総理の品格――官邸秘書官が見た歴代宰相の素顔』（徳間書店、二〇〇六年）

近代日本史料研究会編「松本彧彦オーラルヒストリー」（近代日本史料研究会、二〇〇八年）

栗山尚一「日中共同声明の解説」（時事通信社政治部編『日中復交』時事通信社、一九七二年）

栗山尚一「日中国交正常化」（『早稲田法学』第七四巻四―一号、一九九九年）

栗山尚一「台湾問題についての日本の立場――日中共同

声明第三項の意味」（『霞関会会報』第七三八号、二〇〇七年）
栗山尚一／中島琢磨・服部龍二・江藤名保子編『外交証言録　沖縄返還・日中国交正常化・日米「密約」』（岩波書店、二〇一〇年）
『月刊・自由民主』編集部『自民党政権の三十年　日本の進路を決めた男たち』（太陽企画出版、一九八六年）
小坂善太郎『中国見たまま』（鹿島研究所出版会、一九六七年）
小坂善太郎『あれからこれから――体験的戦後政治史』（牧羊社、一九八一年）
小坂善太郎「日中国交正常化協議会の会長として」（自由民主党編『自由民主党党史』証言・写真編、自由民主党、一九八七年）
後藤田正晴／御厨貴監修『情と理――カミソリ後藤田回顧録』上巻（講談社+α文庫、二〇〇六年）
後藤田正晴「私の履歴書」（岸信介・河野一郎・福田赳夫・後藤田正晴・田中角栄・中曽根康弘『私の履歴書　保守政権の担い手』日経ビジネス人文庫、二〇〇七年）
小長啓一「日本列島改造論とりまとめと田中内閣の軌跡」（総合研究開発機構『戦後国土政策の検証』下巻、総合研究開発機構、一九九六年）
小長啓一「日米繊維交渉――電光石火の裁き」（田中角栄記念館編『私の中の田中角栄』田中角栄記念館、二〇〇五年）
「佐々木更三の歩み」編集委員会・総合政経研究会・佐々木更三連合後援会編『大衆政治家　佐々木更三の歩み』（総評資料頒布会、一九八〇年）
佐藤昭子『決定版　私の田中角栄日記』（新潮文庫、二〇〇一年）
佐藤昭子『田中角栄』（経済界、二〇〇五年）
佐藤栄作／伊藤隆監修『佐藤栄作日記』第三、四、五巻（朝日新聞社、一九九七―一九九八年）
椎名悦三郎「私の履歴書」（日本経済新聞社編『私の履歴書』第四一集、日本経済新聞社、一九七〇年）
椎名悦三郎追悼録刊行会『記録　椎名悦三郎』下巻（椎名悦三郎追悼録刊行会、一九八二年）
時事通信社政治部編『日中復交』（時事通信社、一九七二年）
自由民主党編『自由民主党党史』（自由民主党、一九八七年）
自由民主党編『自由民主党五十年史』上巻（自由民主党、二〇〇六年）
自由民主党広報委員会出版局編『秘録・戦後政治の実像』（自由民主党広報委員会出版局、一九七六年）
蕭向前／竹内実訳『永遠の隣国として』（サイマル出版会、一九九七年）
政策研究大学院大学C・O・Eオーラル・政策研究プロ

ジェクト「田川誠一オーラルヒストリー」上巻（政策研究大学院大学、二〇〇一年）
政策研究大学院大学C・O・Eオーラル・政策研究プロジェクト「栗山尚一（元駐米大使）オーラルヒストリー――転換期の日米関係」（政策研究大学院大学、二〇〇五年）
政策研究大学院大学C・O・Eオーラル・政策研究プロジェクト「股野景親（元駐スウェーデン大使）オーラルヒストリー」（政策研究大学院大学、二〇〇五年）
孫平化／安藤彦太郎訳『日本との三〇年――中日友好随想録』（講談社、一九八七年）
孫平化『中国と日本に橋を架けた男』（日本経済新聞社、一九九八年）
孫平化・森住和弘「日中国交回復の扉はこうして開けられた（続）」（『中央公論』一九九二年八月号）
田川誠一『日中交渉秘録　田川日記――一四年の証言』（毎日新聞社、一九七三年）
竹入義勝「歴史の歯車が回った　流れ決めた周首相の判断――『特使もどき』で悲壮な決意の橋渡し」（石井明・朱建栄・添谷芳秀・林暁光編『記録と考証　日中国交正常化・日中平和友好条約締結交渉』岩波書店、二〇〇三年）
竹下登『証言　保守政権』（読売新聞社、一九九一年）
竹下登／政策研究大学院大学政策情報プロジェクトCOEオーラル・政策研究プロジェクト監修『政治とは何か――竹下登回顧録』（講談社、二〇〇一年）
田中角栄『大臣日記』（新潟日報事業社、一九七二年）
田中角栄『日本列島改造論』（日刊工業新聞社、一九七二年）
田中角栄『わたくしの少年時代』（講談社、一九七三年）
田中角栄「日中の課題は『信義』と両国民の『自由な往来』だ――いま初めて明かす日中国交回復の秘話」（『宝石』第一二巻第一一号、一九八四年）
田中角栄「わが戦後秘史」（『現代』一九九四年二月号）
田中角栄「私の履歴書」（岸信介・河野一郎・福田赳夫・後藤田正晴・田中角栄・中曽根康弘『私の履歴書　保守政権の担い手』日経ビジネス人文庫、二〇〇七年）
田中角栄記念館編『私の中の田中角栄』（田中角栄記念館、二〇〇五年）
田畑光永「一九七二年九月二五日―二八日の北京」（石井明・朱建栄・添谷芳秀・林暁光編『記録と考証　日中国交正常化・日中平和友好条約締結交渉』岩波書店、二〇〇三年）
玉置和郎「青嵐会の将来と日本――日本に道義を取りもどそう」（中川一郎代表『青嵐会――血判と憂国の論理』浪曼、一九七三年）
玉置和郎記録集編纂委員会編『政党政治家　玉置和郎』（学習研究社、一九八八年）

趙安博「私の一高時代」（人民中国雑誌社編『わが青春の日本――中国知識人の日本回想』東方書店、一九八二年）
張群／古屋奎二訳『日華・風雲の七十年』（サンケイ出版、一九八〇年）
張香山「張香山回想録（中）（下）」（『論座』一九九七年一二月、一九九八年一月号）
張香山「回顧し、思考し、提言する」（『人民中国』第五九〇号、二〇〇二年）
辻和子『熱情――田中角栄をとりこにした芸者』（講談社、二〇〇四年）
唐家璇「田中角栄から小泉、小沢まで――日本語通訳から始まった対日工作の責任者が語った四八年」（『文藝春秋』二〇一〇年四月号）
東郷和彦『歴史と外交――靖国・アジア・東京裁判』（講談社現代新書、二〇〇八年）
東郷文彦『日米外交三十年』（中公文庫、一九八九年）
内閣総理大臣官房監修『大平内閣総理大臣演説集』（日本広報協会、一九八〇年）
中江要介『残された社会主義大国　中国の行方』（KKベストセラーズ、一九九一年）
中江要介「生卵をぶつけられた日台断交使節団」（『現代』一九九二年一一月号）
中江要介『らしくない大使のお話』（読売新聞社、一九九三年）
中江要介「歴史認識問題をめぐって」（『外交フォーラム臨時増刊　中国』一九九七年）
中江要介「胡耀邦が支えた日中友好」（『東亜』第四二二号、二〇〇二年）
中江要介「椎名悦三郎・蔣経国会談記録――『中江メモ』」（『社会科学研究』第二四巻第一号、二〇〇三年）
中江要介「日中正常化と台湾」（『社会科学研究』第二四巻第一号、二〇〇三年）
中江要介『日中外交の証言』（蒼天社出版、二〇〇八年）
中江要介／若月秀和・神田豊隆・楠綾子・中島琢磨・昇亜美子・服部龍二編『アジア外交　動と静――元中国大使中江要介オーラルヒストリー』（蒼天社出版、二〇一〇年）
中川一郎代表『青嵐会――血判と憂国の論理』（浪曼、一九七三年）
中曽根康弘『自省録――歴史法廷の被告として』（新潮社、二〇〇四年）
中曽根康弘／中島琢磨・服部龍二・昇亜美子・若月秀和・道下徳成・楠綾子・瀬川高央編『中曽根康弘が語る戦後日本外交史（仮）』（新潮社、二〇一二年刊行予定）
灘尾弘吉先生追悼集編集委員会編『私の履歴書　灘尾弘吉』（灘尾弘吉先生追悼集編集委員会、一九九六年）
二階堂進「日中国交正常化」（読売新聞政治部編『権力

の中枢が語る自民党の三十年』読売新聞社、一九八五年）
二階堂進「日中国交秘話　中南海の一夜」（『正論』一九九二年一〇月号）
橋本恕「日中国交正常化交渉」（大平正芳記念財団編『去華就實　聞き書き大平正芳』大平正芳記念財団、二〇〇〇年）
橋本恕「英雄と英雄の対決」（田中角栄記念館編『私の中の田中角栄』田中角栄記念館、二〇〇五年）
羽田孜『志』（朝日新聞社、一九九六年）
羽田孜『小説　田中学校』（光文社、一九九六年）
早坂茂三『政治家田中角栄』（中央公論社、一九八七年）
早坂茂三『早坂茂三の「田中角栄」回想録』（小学館、一九八七年）
早坂茂三『オヤジとわたし』（集英社文庫、一九九三年）
早坂茂三『オヤジの遺言』（集英社インターナショナル、二〇〇四年）
福川伸次「角さんと大平さんのすき焼き」（田中角栄記念館編『私の中の田中角栄』田中角栄記念館、二〇〇五年）
福田赳夫『回顧九十年』（岩波書店、一九九五年）
福本邦雄『表舞台　裏舞台――福本邦雄回顧録』（講談社、二〇〇七年）
藤尾正行「〝放言大臣〟再び吠える」（『文藝春秋』一九八六年一一月号）
藤山愛一郎『政治　わが道　藤山愛一郎回想録』（朝日新聞社、一九七六年）
古井喜実「日中国交正常化の秘話」（『中央公論』一九七二年一二月号）
古井喜実『日中十八年――一政治家の軌跡と展望』（牧野出版、一九七八年）
古井喜実『山陰生れ　一政治家の人生』（牧野出版、一九七九年）
古井喜実・井出一太郎・田林政吉編「訪中所見」一九五九年一二月
保利茂『戦後政治の覚書』（毎日新聞社、一九七五年）
マイヤー、アーミン・H／浅尾道子訳『東京回想』（朝日新聞社、一九七六年）
松尾尊兊編『古井喜實遺文集――一政治家の直言』（日中友好会館、一九九七年）
松本彧彦『台湾海峡の懸け橋に――いま明かす日台断交秘話』（見聞ブックス、一九九六年）
松本彧彦「中華民国（台北）見聞記」（松本彧彦・邱榮金・小枝義人・丹羽文生『日台関係の新たな設計図――実務外交と草の根交流』青山社、二〇一〇年）
水野清「佐藤栄作に『国交回復』を迫った日々」（『現代』一九九二年一一月号）
村田良平『村田良平回想録――戦いに敗れし国に仕え

て』上巻（ミネルヴァ書房、二〇〇八年）
森田一／服部龍二・昇亜美子・中島琢磨編『心の一燈　回想の大平正芳――その人と外交』（第一法規、二〇一〇年）
安川壮『忘れ得ぬ思い出とこれからの日米外交――パールハーバーから半世紀』（世界の動き社、一九九一年）
吉田健三「対中経済協力の幕開け」（『外交フォーラム臨時増刊　中国』一九九七年）
吉田重信『「中国への長い旅」　元外交官の備忘録』（田畑書店、二〇一〇年）
劉徳有／王雅丹訳『時は流れて――日中関係秘史五十年』上下巻（藤原書店、二〇〇二年）
「廖承志文集」編輯弁公室編／安藤彦太郎監訳『廖承志文集』下巻（徳間書店、一九九三年）
林金莖『梅と桜――戦後の日華関係』（サンケイ出版、一九八四年）
林金莖『戦後の日華関係と国際法』（有斐閣、一九八七年）
黄自進訪問・簡佳慧紀録『林金莖先生訪問紀録』（台北：中央研究院近代史研究所、二〇〇三年）
姫鵬飛「飲水不忘掘井人」（NHK採訪組／肖紅訳『周恩来的決断――日中邦交正常化的来竜去脈』北京：中国青年出版社、一九九四年）
姫鵬飛「飲水不忘掘井人――中日建交紀実」（安建設編『周恩来的最後歳月（一九六六―一九七六）』北京：中央文献出版社、一九九五年）
孫平化『中日友好随想録』（北京：世界知識出版社、一九八六年）
孫平化「中日復交談判回顧」（『日本学刊』一九九八年第一期）
張群『我與日本七十年』（台北：中日関係研究会、一九八〇年）
中共中央文献研究室編『周恩来年譜』下巻（北京：中央文献出版社、一九九七年）
中共中央文献研究室編『建国以来毛沢東文稿』第一三冊（北京：中央文献出版社、一九九八年）
中華人民共和国外交部・中共中央文献研究室編『毛沢東外交文選』（北京：中央文献出版社、一九九四年）

**研究者やジャーナリストの著作**

朝日新聞取材班『歴史は生きている――東アジアの近現代がわかる一〇のテーマ』（朝日新聞出版、二〇〇八年）
天児慧『巨龍の胎動　毛沢東vs鄧小平』（講談社、二〇〇四年）
池田直隆『日米関係と「二つの中国」――池田・佐藤・田中内閣期』（木鐸社、二〇〇四年）
石井明「日台断交時の『田中親書』をめぐって」（『社会科学紀要』第五〇輯、二〇〇一年）

石井修「ニクソンの『チャイナ・イニシアティヴ』」（『一橋法学』第八巻第三号、二〇〇九年）

石井修「第二次日米繊維紛争（一九六九年—一九七一年）——迷走の一〇〇〇日（一）（二）」（『一橋法学』第八巻第二号、第九巻第一号、二〇〇九—二〇一〇年）

井上正也『日中国交正常化の政治史』（名古屋大学出版会、二〇一〇年）

井上正也「日中国交正常化交渉における台湾問題　一九七一〜七二年」（小林道彦・中西寛編著『歴史の桎梏を越えて——二〇世紀日中関係への新視点』千倉書房、二〇一〇年）

居安正『ある保守政治家——古井喜實の軌跡』（御茶の水書房、一九八七年）

殷燕軍『日中講和の研究——戦後日中関係の原点』（柏書房、二〇〇七年）

NHK取材班『周恩来の決断——日中国交正常化はこうして実現した』（日本放送出版協会、一九九三年）

王泰平／青木麗子訳『大河奔流』（奈良日日新聞社、二〇〇二年）

大庭三枝『アジア太平洋地域形成への道程——境界国家日豪のアイデンティティ模索と地域主義』（ミネルヴァ書房、二〇〇四年）

緒方貞子／添谷芳秀訳『戦後日中・米中関係』（東京大学出版会、一九九二年）

加藤聖文「台湾引揚と戦後日本人の台湾観」（台湾史研究部会編『台湾の近代と日本』中京大学社会科学研究所、二〇〇三年）

川島真・毛里和子『グローバル中国への道程——外交一五〇年』（岩波書店、二〇〇九年）

菅英輝「米中和解と日米関係——ニクソン政権の東アジア秩序再編イニシアティブ」（菅英輝編著『冷戦史の再検討——変容する秩序と冷戦の終焉』法政大学出版局、二〇一〇年）

金熙徳／董宏・鄭成・須藤健太郎訳『二一世紀の日中関係——戦争・友好から地域統合のパートナーへ』（日本僑報社、二〇〇四年）

金冲及主編／劉俊南・譚佐強訳『周恩来伝　一九四九—一九七六』下巻（岩波書店、二〇〇〇年）

久能靖「角栄・周恩来会談　最後の証言」（『文藝春秋』二〇〇七年一二月号）

倪志敏「田中内閣における中日国交正常化と大平正芳（その一）（その二）（その三）（その四）」（『龍谷大学経済学論集』第四五巻第五号、第四六巻第五号、第四七巻第三号、第四八巻第三・四号、二〇〇六—二〇〇九年）

小池聖一「『大平外交』の形成——日中国交正常化をめぐる日本外交の相克」（『国際協力研究誌』第一四巻第二号、二〇〇八年）

高坂正堯「中国問題とは何か」（『自由』一九六四年四月

号、高坂正堯著作集刊行会編『高坂正堯著作集　第一巻　海洋国家日本の構想』都市出版、一九九八年）
胡鳴「日中国交正常化における中国の対日外交戦略」（『国際公共政策研究』第一一巻第二号、二〇〇七年）
佐道明広「大平正芳――『保守本流』の使命感」（佐道明広・小宮一夫・服部龍二編『人物で読む現代日本外交史――近衛文麿から小泉純一郎まで』吉川弘文館、二〇〇八年）
佐橋亮「米中和解プロセスの開始と台湾問題――アメリカによる信頼性と安定の均衡の追求」（『日本台湾学会報』第一二号、二〇一〇年）
清水麗「日華断交と七二年体制の形成――一九七二―七八年」（川島真・清水麗・松田康博・楊永明編『日台関係史　一九四五―二〇〇八』東京大学出版会、二〇〇九年）
朱建栄「中国はなぜ賠償を放棄したか――政策決定過程と国民への説得」（『外交フォーラム』一九九二年一〇月号）
城山英巳『中国共産党「天皇工作」秘録』（文春新書、二〇〇九年）
添谷芳秀『日本外交と中国　一九四五―一九七二』（慶應義塾大学出版会、一九九五年）
髙橋政陽・若山樹一郎「当事者が明らかにした三〇年目の新事実　『日中』か『日台』かで揺れた日本外交」（『中央公論』二〇〇三年四月号）
田中明彦『日中関係　一九四五―一九九〇』（東京大学出版会、一九九一年）
田村重信・豊島典雄・小枝義人『日華断交と日中国交正常化』（南窓社、二〇〇〇年）
中嶋嶺雄「『保利書簡』の想い出」（保利茂伝刊行委員会編『追想　保利茂』保利茂伝刊行委員会、一九八五年）
中嶋嶺雄『「日中友好」という幻想』（PHP新書、二〇〇二年）
中野士朗『田中政権・八八六日』（行政問題研究所、一九八二年）
永野慎一郎・近藤正臣編『日本の戦後賠償――アジア経済協力の出発』（勁草書房、一九九九年）
永野信利『外務省研究』（サイマル出版会、一九七五年）
服部龍二『日中歴史認識――「田中上奏文」をめぐる相剋　一九二七―二〇一〇』（東京大学出版会、二〇一〇年）
服部龍二「田中首相・ニクソン大統領会談記録――一九七二年八月三一日、九月一日」（『人文研紀要』第六八号、二〇一〇年）
檜山幸夫「日中国交回復に伴う日華国交断絶における椎名悦三郎・蔣経国会談記録について――外務省参事官中江要介の会談記録『中江メモ』の史料論」（『社会科学研究』第二四巻第一号、二〇〇三年）

福永文夫『大平正芳――「戦後保守」とは何か』（中公新書、二〇〇八年）
別枝行夫「日中国交正常化の政治過程――政策決定者とその行動の背景」（『国際政治』第六六号、一九八〇年）
本田善彦『日・中・台　視えざる絆――中国首脳通訳のみた外交秘録』（日本経済新聞社、二〇〇六年）
増田弘編著『ニクソン訪中と冷戦構造の変容――米中接近の衝撃と周辺諸国』（慶應義塾大学出版会、二〇〇六年）
松田康博「台湾問題の新展開」（家近亮子・松田康博・段瑞聡編著『岐路に立つ日中関係――過去との対話・未来への模索』晃洋書房、二〇〇七年）
村松玄太「三木武夫の政治的発話とその推敲過程」（『大学史紀要』第一四号、二〇一〇年）
毛里和子『日中関係――戦後から新時代へ』（岩波新書、二〇〇六年）
柳田邦男『日本は燃えているか』（講談社、一九八三年）
矢吹晋「依然解消されない日中『歴史認識』のモヤモヤ」（『世界週報』二〇〇二年一〇月二九日号）
矢吹晋『激辛書評で知る　中国の政治・経済の虚実』（日経BP社、二〇〇七年）
楊志輝「戦争賠償問題から戦後補償問題へ」（劉傑・三谷博・楊大慶編『国境を越える歴史認識――日中対話の試み』東京大学出版会、二〇〇六年）
横堀克己「歴史の新たな一ページが開かれた夜――毛・田中会談を再現する」（石井明・朱建栄・添谷芳秀・林暁光編『記録と考証　日中国交正常化・日中平和友好条約締結交渉』岩波書店、二〇〇三年）
読売新聞政治部編『権力の中枢が語る自民党の三十年』（読売新聞社、一九八五年）
鹿雪瑩「古井喜実と一九六八年の日中LT貿易交渉」（『史林』第九一巻第五号、二〇〇八年）
鹿雪瑩「古井喜実と一九七〇年の日中MT貿易交渉」（『二十世紀研究』第九号、二〇〇八年）
鹿雪瑩「古井喜実と日中国交正常化――LT・MT貿易の延長線から見る日中国交正常化」（『史林』第九三巻第二号、二〇一〇年）
若月秀和『「全方位外交」の時代――冷戦変容期の日本とアジア・一九七一～八〇年』（日本経済評論社、二〇〇六年）
若月秀和「田中角栄――『自主外交』の追求とその限界」（佐道明広・小宮一夫・服部龍二編『人物で読む現代日本外交史――近衛文麿から小泉純一郎まで』吉川弘文館、二〇〇八年）
若林正丈『台湾の政治――中華民国台湾化の戦後史』（東京大学出版会、二〇〇八年）
Haruhiro Fukui, "Tanaka Goes to Peking: A Case Study in Foreign Policymaking," in T. J. Pempel,

ed., *Policymaking in Contemporary Japan* (Ithaca: Cornell University Press, 1977)

金熙徳『中日關係——復交三〇周年的思考』（世界知識出版社、二〇〇二年）

羅平漢『中国対日政策与中日邦交正常化——一九四九—一九七二年中国対日政策研究』（北京：時事出版社、二〇〇〇年）

阮虹『一個外交家的経歴——韓叙伝』（北京：世界知識出版社、二〇〇四年）

王泰平主編『中華人民共和国外交史』第三巻（北京：世界知識出版社、一九九九年）

王泰平主編／張光佑・馬可錚副主編『新中国外交五〇年』上巻（北京：北京出版社、一九九九年）

## 主要図版出典一覧（順不同）

| | |
|---|---|
| 共同通信 | 13p, 19p, 43p, 79p, 96p |
| 時事＝PANA | 121p |
| 時事＝新華社 | 173p |
| 毎日新聞社 | 65p |
| 読売新聞社 | 52p, 130p, 136p, 146p, 149p, 187p, 191p |
| AP／Aflo | 37p, 83p |
| Everett Collection／aflo | 125p |

| 年月日 | 出来事 |
| --- | --- |
| | 北京入り |
| 12日 | 水野清衆議院議員，松本彧彦自民党本部職員が張群と面会，椎名特使の受け入れを要請 |
| 13日 | 蔣介石宛て田中親書完成 |
| 14日 | 小坂を団長とする自民党訪中団が23人で出発し，周恩来らと会談 |
| 17日 | 椎名悦三郎らが台北の松山空港で反日デモに遭遇 |
| 18日 | 椎名らが，沈昌煥外交部長，厳家淦副総統，何応欽将軍と会談 |
| 19日 | 椎名・蔣経国会談 |
| 20日 | 椎名が田中，大平を訪れ，台湾で従来の関係維持には「外交関係を含む」と説明したと報告．日中覚書貿易事務所代表の岡崎嘉平太が訪中 |
| 25日 | 田中，大平ら訪中．第１回田中・周会談．人民大会堂の宴席で田中が「ご迷惑」スピーチ |
| 26日 | 第１回大平・姫会談．第２回田中・周会談．第２回大平・姫会談 |
| 27日 | 非公式外相会談．第３回田中・周会談．田中・毛沢東会談．第３回大平・姫会談 |
| 28日 | 第４回田中・周会談 |
| 29日 | 台北で宇山厚大使が日中共同声明を事前通告し，蔣介石宛て田中親電を伝達．北京で日中共同声明の調印式．大平が記者会見で台湾との断交声明（大平談話）．田中，大平，周恩来が上海を訪れ，張春橋上海市革命委員会主任と会見．台湾が対日断交を宣言 |
| 30日 | 田中と大平が帰国し，自民党本部の両院議員総会で報告 |
| 10月６日 | 大平が内外情勢調査会で日中国交正常化について演説 |
| 10日 | 大平がオーストラリア，ニュージーランド，アメリカ，ソ連を歴訪（～25日） |
| 18日 | 田中がインガソル駐日アメリカ大使夫妻ら列席の日米協会でスピーチ |
| 11月２日 | 田中が衆議院予算委員会で答弁 |
| ８日 | 大平が衆議院予算委員会で答弁 |

日中国交正常化関連年表

| 年月日 | 出来事 |
|---|---|
| 11月10日 | 周恩来国務院総理が，訪中した美濃部亮吉都知事と会見，保利書簡を批判 |
| 1972年 | |
| 1月 | 橋本恕中国課長が対中関係についてレポートを田中に提出 |
| 2月21日 | ニクソン米大統領訪中 |
| 3月22日 | 元外相の藤山愛一郎が第4次訪中 |
| 23日 | 田中通産相が衆議院予算委員会で中国に「大きな迷惑をかけた」と答弁 |
| 4月21日 | 三木武夫が北京で周恩来と会見 |
| 7月2日 | 田中，大平，三木が三者会談を行い，「政策協定」に合意 |
| 5日 | 自民党臨時党大会の総裁選で，田中圧勝 |
| 7日 | 田中内閣成立，大平は8年ぶり2度目の外相就任．大平外相が外務省に初登庁，橋本に日中国交正常化のお膳立てを指示 |
| 10日 | 上海舞劇団訪日，中日友好協会副秘書長の孫平化が団長（～8月16日） |
| 16日 | 社会党元委員長の佐々木更三が北京で周恩来と会談 |
| 20日 | 日中国交回復促進議員連盟会長の藤山愛一郎が孫平化と肖向前の歓迎会を開催 |
| 22日 | 大平が孫平化，肖向前と会談 |
| 24日 | 自民党総裁直属機関の日中国交正常化協議会が初総会（会長・小坂善太郎） |
| 25日 | 大平が彭孟緝駐日台湾大使との会見で「重大なる決意」を表明 |
| 27日 | 竹入義勝公明党委員長が周恩来と北京で会談（～29日） |
| 8月2日 | 大平が外務省で中国問題対策協議会を開催（8月4，9，12，16日にも） |
| 4日 | 竹入が田中と大平に帰国報告 |
| 10日 | 玉置和郎参議院議員が訪台，張群総統府資政，蔣経国行政院長，沈昌煥外交部長，張宝樹国民党中央委員会秘書長らと会談 |
| 15日 | 田中が孫平化，肖向前と会談．外務省が賀屋興宣衆議院議員の質問書に回答 |
| 23日 | 田中が椎名悦三郎自民党副総裁を訪台特使に命ずる |
| 31日 | 橋本ら外務省員が先遣隊として訪中．田中と大平がハワイでニクソン，キッシンジャー大統領補佐官，ロジャーズ国務長官と会談 |
| 9月1日 | 日米共同発表 |
| 4日 | 玉置和郎参議院議員が訪台，椎名特使の受け入れを要請 |
| 8日 | 日中国交正常化協議会総会で日中国交正常化基本方針を策定 |
| 9日 | 自民党議員の古井喜実，田川誠一，松本俊一が戦後初の直行便で |

# 日中国交正常化関連年表

| 年月日 | 出来事 |
|---|---|
| 1945年 | |
| 8月15日 | 終戦 |
| 1946年 | |
| 7月 | 中国で国共内戦が始まる |
| 1949年 | |
| 10月1日 | 中華人民共和国が成立 |
| 1951年 | |
| 9月4日 | サンフランシスコ講和会議（～8日） |
| 1952年 | |
| 4月28日 | 中華民国政府（台湾）と日華平和条約を締結 |
| 1955年 | |
| 8月16日 | 中国外交部が声明で賠償請求権を主張 |
| 1962年 | |
| 11月8日 | 趙安博中国共産党中央外事工作部秘書長が，訪中した高碕達之助衆議院議員や岡崎嘉平太全日空社長らに賠償請求放棄の意向内示 |
| 9日 | 高碕と廖承志が日中貿易覚書を交換（ＬＴ貿易） |
| 30日 | 田中角栄蔵相と大平正芳外相がワシントンの第2回日米貿易経済合同委員会参加 |
| 1964年 | |
| 1月27日 | 仏が中国承認を発表 |
| 2月10日 | 台湾が仏と断交 |
| 12日 | 大平外相が衆議院外務委員会で，中国が「世界の祝福」のもとに国連に加盟すれば，日本も中国との国交正常化を検討と演説 |
| 1965年 | |
| 5月31日 | 趙安博が，訪中した宇都宮徳馬衆議院議員に賠償請求放棄を示唆 |
| 1971年 | |
| 夏頃 | 田中自民党幹事長が中国問題の勉強会を立ち上げ |
| 7月15日 | ニクソン大統領，北京訪問を発表（ニクソン・ショック） |
| 9月1日 | 大平が箱根で「日本の新世紀の開幕――潮の流れを変えよう」と題して演説 |
| 2日 | 川崎秀二を団長とする自民党訪中議員団が北京入り |
| 16日 | 日中国交回復促進議員連盟会長の藤山愛一郎元外相らが第3次訪中 |
| 10月25日 | 国連総会が中国の国連加盟を決定，台湾は国連脱退を表明 |

服部龍二（はっとり・りゅうじ）

1968（昭和43）年東京都生まれ．92年京都大学法学部卒業．97年神戸大学大学院法学研究科単位取得退学．博士（政治学）．現在，中央大学総合政策学部教授．日本外交史・東アジア国際政治史専攻．

著書『東アジア国際環境の変動と日本外交 1918－1931』（有斐閣，2001年．平成13年度吉田茂賞受賞）
『幣原喜重郎と二十世紀の日本――外交と民主主義』（有斐閣，2006年）
『広田弘毅――「悲劇の宰相」の実像』（中公新書，2008年）
『日中歴史認識――「田中上奏文」をめぐる相剋 1927－2010』（東京大学出版会，2010年）
他多数

**日中《にっちゅう》国《こっ》交《こう》正常《せいじょう》化《か》**

中公新書 *2110*

2011年5月25日初版
2012年2月25日4版

著　者　服部龍二
発行者　小林敬和

本文印刷　三晃印刷
カバー印刷　大熊整美堂
製　　本　小泉製本

発行所　中央公論新社
〒104-8320
東京都中央区京橋 2-8-7
電話　販売 03-3563-1431
　　　編集 03-3563-3668
URL http://www.chuko.co.jp/



Published by CHUOKORON-SHINSHA, INC.
Printed in Japan　ISBN978-4-12-102110-6 C1221

# 中公新書刊行のことば

いまからちょうど五世紀まえ、グーテンベルクが近代印刷術を発明したとき、書物の大量生産は潜在的可能性を獲得し、いまからちょうど一世紀まえ、世界のおもな文明国で義務教育制度が採用されたとき、書物の大量需要の潜在性が形成された。この二つの潜在性がはげしく現実化したのが現代である。

いまや、書物によって視野を拡大し、変りゆく世界に豊かに対応しようとする強い要求を私たちは抑えることができない。この要求にこたえる義務を、今日の書物は背負っている。だが、その義務は、たんに専門的知識の通俗化をはかることによって果たされるものでもなく、通俗的好奇心にうったえて、いたずらに発行部数の巨大さを誇ることによって果たされるものでもない。現代を真摯に生きようとする読者に、真に知るに価いする知識だけを選びだして提供すること、これが中公新書の最大の目標である。

私たちは、知識として錯覚しているものによってしばしば動かされ、裏切られる。私たちは、作為によってあたえられた知識のうえに生きることがあまりに多く、ゆるぎない事実を通して思索することがあまりにすくない。中公新書が、その一貫した特色として自らに課すものは、この事実のみの持つ無条件の説得力を発揮させることである。現代にあらたな意味を投げかけるべく待機している過去の歴史的事実もまた、中公新書によって数多く発掘されるであろう。

中公新書は、現代を自らの眼で見つめようとする、逞しい知的な読者の活力となることを欲している。

一九六二年一一月

中公新書

日本史 d3

2107 近現代日本を史料で読む 御厨 貴編
1621 吉田松陰 田中 彰
163 大君の使節 芳賀 徹
1710 オールコックの江戸 佐野真由子
2047 オランダ風説書 松方冬子
397 徳川慶喜（増補版） 松浦 玲
2040 鳥羽伏見の戦い 野口武彦
1673 幕府歩兵隊 野口武彦
1840 長州戦争 野口武彦
1666 長州奇兵隊 一坂太郎
1619 幕末の会津藩 星 亮一
1958 幕末維新と佐賀藩 毛利敏彦
1754 幕末歴史散歩 東京篇 一坂太郎
1811 幕末歴史散歩 京阪神篇 一坂太郎
1693 女たちの幕末京都 辻 ミチ子
60 高杉晋作 奈良本辰也
69 坂本龍馬 池田敬正
1773 新 選 組 大石 学
455 戊辰戦争 佐々木 克
1554 脱藩大名の戊辰戦争 中村彰彦
1235 奥羽越列藩同盟 星 亮一
1728 会津落城 星 亮一
2108 大鳥圭介 星 亮一
840 江藤新平（増訂版） 毛利敏彦
190 大久保利通 毛利敏彦
1033 王政復古 井上 勲
1849 明治天皇 笠原英彦
2011 皇 族 小田部雄次
1836 華 族 小田部雄次
2051 伊藤博文 瀧井一博
2103 谷 干城 小林和幸
561 明治六年政変 毛利敏彦
722 福沢諭吉 飯田 鼎
1569 福沢諭吉と中江兆民 松永昌三
1316 戊辰戦争から西南戦争へ 小島慶三
1927 西南戦争 小川原正道
1584 東北―つくられた異境 河西英通
1889 続・東北―異境と原境のあいだ 河西英通
252 ある明治人の記録 石光真人編著
161 秩父事件 井上幸治
1792 日露戦争史 横手慎二
2141 小村寿太郎 片山慶隆
181 高橋是清 大島 清
1968 洋行の時代 大久保喬樹

中公新書

## 世界史



- 1353 物語 中国の歴史　寺田隆信
- 2001 孟嘗君と戦国時代　宮城谷昌光
- 12 史記　貝塚茂樹
- 1517 古代中国と倭族　鳥越憲三郎
- 2099 三国志　渡邉義浩
- 7 宦官（かんがん）　三田村泰助
- 15 科挙（かきょ）　宮崎市定
- 2134 中国義士伝　冨谷至
- 1828 チンギス・カン　白石典之
- 255 実録アヘン戦争　陳舜臣
- 1812 西太后（せいたいこう）　加藤徹
- 166 中国列女伝　村松暎
- 2030 上海　榎本泰子
- 1144 台湾　伊藤潔
- 925 物語 韓国史　金両基
- 1372 物語 ヴェトナムの歴史　小倉貞男
- 1913 物語 タイの歴史　柿崎一郎
- 1367 物語 フィリピンの歴史　鈴木静夫
- 1551 海の帝国　白石隆
- 1866 シーア派　桜井啓子
- 1858 中東イスラーム民族史　宮田律
- 1660 物語 イランの歴史　宮田律
- 1818 シュメル―人類最古の文明　小林登志子
- 1977 シュメル神話の世界　岡田明子・小林登志子
- 1594 物語 中東の歴史　牟田口義郎
- 1931 物語 イスラエルの歴史　高橋正男
- 2067 物語 エルサレムの歴史　笈川博一

中公新書

## 現代史



2105 昭和天皇　古川隆久
765 日本の参謀本部　大江志乃夫
632 海軍と日本　池田　清
1904 軍　神　山室建徳
881 後藤新平　北岡伸一
377 満州事変　臼井勝美
1138 キメラ—満洲国の肖像（増補版）　山室信一
40 馬　賊　渡辺龍作
1232 軍国日本の興亡　猪木正道
2144 昭和陸軍の軌跡　川田　稔
76 二・二六事件（増補改版）　高橋正衛
2059 外務省革新派　戸部良一
1951 広田弘毅　服部龍二
1532 新版　日中戦争　臼井勝美
795 南京事件（増補版）　秦　郁彦

84 90 太平洋戦争（上下）　児島　襄
244 248 東京裁判（上下）　児島　襄
1307 日本海軍の終戦工作　纐纈　厚
2119 外邦図—帝国日本のアジア地図　小林　茂
2015 「大日本帝国」崩壊　加藤聖文
2060 原爆と検閲　繁沢敦子
1459 巣鴨プリズン　小林弘忠
828 清沢《きよさわ》洌《きよし》（増補版）　北岡伸一
2033 河合栄治郎　松井慎一郎
1759 言論統制　佐藤卓己
1711 徳富蘇峰　米原　謙
1808 復興計画　越澤　明
2046 内奏—天皇と政治の近現代　後藤致人
1243 石橋湛山　増田　弘
1976 大平正芳　福永文夫
1574 海の友情　阿川尚之
1875 「国語」の近代史　安田敏朗

2075 歌う国民　渡辺　裕
1804 戦後和解　小菅信子
1900 「慰安婦」問題とは何だったのか　大沼保昭
2029 北朝鮮帰国事業　菊池嘉晃
1990 「戦争体験」の戦後史　福間良明
1820 丸山眞男の時代　竹内　洋
1821 安田講堂1968-1969　島　泰三
2110 日中国交正常化　服部龍二
2137 国家と歴史　波多野澄雄
2150 近現代日本史と歴史学　成田龍一

## 現代史



1980 ヴェルサイユ条約 牧野雅彦
2055 国際連盟 篠原初枝
27 ワイマル共和国 林 健太郎
154 ナチズム 村瀬興雄
478 アドルフ・ヒトラー 村瀬興雄
1943 ホロコースト 芝 健介
1572 ヒトラー・ユーゲント 平井 正
1688 ユダヤ・エリート 鈴木輝二
530 チャーチル（増補版） 河合秀和
1415 フランス現代史 渡邊啓貴
652 中国―歴史・社会・国際関係 中嶋嶺雄
2034 感染症の中国史 飯島 渉
1959 韓国現代史 木村 幹
1650 韓国大統領列伝 池 東旭
1762 韓国の軍隊 尹 載善

1763 アジア冷戦史 下斗米伸夫
1582 アジア政治を見る眼 岩崎育夫
1876 インドネシア 水本達也
2143 経済大国インドネシア 佐藤百合
1596 ベトナム戦争 松岡 完
941 イスラエルとパレスチナ 立山良司
2112 パレスチナ―聖地の紛争 船津 靖
1612 イスラム過激原理主義 藤原和彦
1664
1665 アメリカの20世紀（上下） 有賀夏紀
1937 アメリカの世界戦略 菅 英輝
1272 アメリカ海兵隊 野中郁次郎
1992 マッカーサー 増田 弘
1920 ケネディ―「神話」と実像 土田 宏
2140 レーガン 村田晃嗣
1863 性と暴力のアメリカ 鈴木 透
2000 戦後世界経済史 猪木武徳

中公新書

## 政治・法律

h1

- 125 法と社会 碧海純一
- 1531 ドキュメント 弁護士 読売新聞社会部
- 1677 ドキュメント 裁判官 読売新聞社会部
- 1865 ドキュメント 検察官 読売新聞社会部
- 819 アメリカン・ロイヤーの誕生 阿川尚之
- 918 現代政治学の名著 佐々木毅編
- 1905 日本の統治構造 飯尾 潤
- 1708 日本型ポピュリズム 大嶽秀夫
- 1892 小泉政権 内山 融
- 1845 首相支配―日本政治の変貌 竹中治堅
- 2101 国会議員の仕事 林 芳正 津村啓介
- 2128 官僚制批判の論理と心理 野口雅弘
- 1522 戦後史のなかの日本社会党 原 彬久
- 1797 労働政治 久米郁男
- 1687 日本の選挙 加藤秀治郎
- 1179 日本の行政 村松岐夫
- 2090 都知事 佐々木信夫
- 1151 都市の論理 藤田弘夫
- 1461 国土計画を考える 本間義人
- 721 地政学入門 曽村保信
- 700 戦略的思考とは何か 岡崎久彦
- 1639 テロ―現代暴力論 加藤 朗
- 1601 軍事革命(RMA) 中村好寿
- 1775 自衛隊の誕生 増田 弘

中公新書

政治・法律 h2